人生大学讲堂书系

人生大学榜样讲堂

心灵导师的智慧人生

XINLING DAOSHI DE ZHIHUI RENSHENG

拾月 主编

主　编：拾　月
副主编：王洪锋　卢丽艳
编　委：张　帅　车　坤　丁　辉
　　　　李　丹　贾宇墨

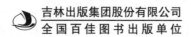

吉林出版集团股份有限公司
全国百佳图书出版单位

图书在版编目（CIP）数据

心灵导师的智慧人生 / 拾月主编. -- 长春：吉林出版集团股份有限公司，2016.2（2022.4重印）
（人生大学讲堂书系）
ISBN 978-7-5581-0727-6

Ⅰ. ①心… Ⅱ. ①拾… Ⅲ. ①名人 - 生平事迹 - 世界 - 青少年读物 Ⅳ. ①K811-49

中国版本图书馆CIP数据核字（2016）第041359号

XINLING DAOSHI DE ZHIHUI RENSHENG

心灵导师的智慧人生

主　　编	拾月
副 主 编	王洪锋　卢丽艳
责任编辑	杨亚仙
装帧设计	刘美丽

出　　版	吉林出版集团股份有限公司
发　　行	吉林出版集团社科图书有限公司
地　　址	吉林省长春市南关区福祉大路5788号　邮编：130118
印　　刷	鸿鹄（唐山）印务有限公司
电　　话	0431-81629712（总编办）　0431-81629729（营销中心）
抖 音 号	吉林出版集团社科图书有限公司　37009026326

开　　本	710 mm×1000 mm　1 / 16
印　　张	12
字　　数	200 千字
版　　次	2016 年 3 月第 1 版
印　　次	2022 年 4 月第 2 次印刷

书　　号	ISBN 978-7-5581-0727-6
定　　价	36.00 元

如有印装质量问题，请与市场营销中心联系调换。0431-81629729

"人生大学讲堂书系" 总前言

昙花一现，把耀眼的美只定格在了一瞬间，无数的努力、无数的付出只为这一个宁静的夜晚；蚕蛹在无数个黑夜中默默地等待，只为了有朝一日破茧成蝶，完成生命的飞跃。人生也一样，短暂却也耀眼。

每一个生命的诞生，都如摊开一张崭新的图画。岁月的年轮在四季的脚步中增长，生命在一呼一吸间得到升华。随着时间的推移，我们渐渐成长，对人生有了更深刻的认识：人的一生原来一直都在不停地学习。学习说话、学习走路、学习知识、学习为人处世……"活到老，学到老"远不是说说那么简单。

有梦就去追，永远不会觉得累。——假若你是一棵小草，即使没有花儿的艳丽，大树的强壮，但是你却可以为大地穿上美丽的外衣。假若你是一条无名的小溪，即使没有大海的浩瀚，大江的奔腾，但是你可以汇成浩浩荡荡的江河。人生也是如此，即使你是一个不出众的人，但只要你不断学习，坚持不懈，就一定会有流光溢彩之日。邓小平曾经说过："我没有上过大学，但我一向认为，从我出生那天起，就在上着人生这所大学。它没有毕业的一天，直到去见上帝。"

人生在世，需要目标、追求与奋斗；需要尝尽苦辣酸甜；需要在失败后汲取经验。俗话说，"不经历风雨，怎能见彩虹"，人生注定要九转曲折，没有谁的一生是一帆风顺的。生命中每一个挫折的降临，都是命运驱使你重新开始的机会，让你有朝一日苦尽甘来。每个人都曾遭受过打击与嘲讽，但人生都会有收获时节，你最终还是会奏响生命的乐章，唱出自己最美妙的歌！

正所谓，"失败是成功之母"。在漫长的成长路途中，我们都会经历无数次磨炼。但是，我们不能气馁，不能向失败认输。那样的话，就等于抛弃了自己。我们应该一往无前，怀着必胜的信念，迎接成功那一刻的辉煌……

感悟人生，我们应该懂得面对，这样人生才不会失去勇气……

感悟人生，我们应该知道乐观，这样生活才不会失去希望……

感悟人生，我们应该学会智慧，这样在社会上才不会迷失……

本套"人生大学讲堂书系"分别从"人生大学活法讲堂""人生大学名人讲堂""人生大学榜样讲堂""人生大学知识讲堂"四个方面，以人生的真知灼见去诠释人生大学这个主题的寓意和内涵，让每个人都能够读完"人生的大学"，成为一名"人生大学"的优等生，使每个人都能够创造出生命中的辉煌，让人生之花耀眼绚丽地绽放！

作为新时代的青年人，终究要登上人生大学的顶峰，打造自己的一片蓝天，像雄鹰一样展翅翱翔！

人生大学榜样讲堂丛书前言

生命如夏花般多彩绚丽，生活如山峦般催人攀登。历史的钟声在新世纪的节奏中激荡，成功的号角为有准备的人而吹响，稚嫩的新苗还需要汲取更多的阳光雨露，而榜样，正是新时代青年成长的指引，积聚力量的源泉。

时光黯淡了岁月的影子，却定格了幸福的记忆；历史风华了沧桑的背影，却铭记了伟人的足迹；时代没有挽留踟蹰的过去，却留住了奋进的力量。面对挑战，面对希望，面对成功，每一个饱含激情的青少年都会跳动着时代的最强音符，释放出自己的全部能量。但在很多时候，智者的提醒，成功者的引导，都会成为我们前进道路上的捷径。因为他们曾用一往无前的坚持丈量出生命的高度，用自身的人格魅力传播着人生的正能量，用锲而不舍的努力奏响了时代的最强音。因为他们满怀美好，积聚力量，从未停下奋斗的脚步……

榜样，如夜空中璀璨的群星，照亮我们前行的方向。榜样的力量是无穷的，以成功人士为榜样，可以找准人生的方向，收获成长的力量。古往今来，人类历史上涌现出了众多的成功人士，他们或睿智通达，或坚忍不拔，或矢志不渝，或勇于任事……这些成功人士犹如历史长河中的一颗颗明珠，绽放出绚烂夺目的光彩。

假如你的成长中缺少了你可以学习的榜样，一路上只有你自己摸索前行，生命该是怎样的艰辛困苦。父母给予生命，老师传授知识，榜样赋予理想。我们已经拥有了生命，掌握了一部分的知识，剩下的就是找一个激励我们为理想前进的榜样，来填补成长的空白，培养健康的身心。

培根说过这样一句话："读史使人明智。"而历史，恰恰是由千千万万个杰出历史人物凝聚而成的。他们是某一个时代的骄傲，是一个民族的杰出灵魂，他们在自己的领域最大限度地发挥自己的灵性，守护着自己的理想，他们的名字将永远写在历史上……

因此，对于青少年来说，向榜样看齐不仅能够增长知识、了解历史、陶冶情操，还可以汲取这些成功人士身上的优秀品质，使自己变得睿智。尤为重要的是，当我们走近名人，感受他们的心跳，感受他们的高尚情操，感受他们永恒的精神力量时，会在无形中重塑崭新的自我，让自己的意志更加顽强坚定、精神更加无私高尚、思想更加成熟出众。

很多当代思想家、教育家也一致认为，通过阅读人物传记，可以使青少年收获一个虚拟的"老师"和一个虚拟的"偶像"。这个"老师"可以扩展青少年的眼界、塑造青少年的心灵；而这个"偶像"可以引导青少年向名人学习，从而改正自己的不良行为和不良嗜好……最终让青少年重新认识并规划自己的人生：激励自己，成长自己，升华自己！

本套《人生大学榜样讲堂》系列丛书包括《耀世名人的榜样力量》《时代先驱的求索道路》《文韬武略的沙场人生》《心灵导师的智慧人生》《文艺大师的情操风范》《科学巨擘的人生贡献》《医界英才的济世传奇》《探索英雄的传奇故事》《财富精英的创富密码》《精神领袖的人生坐标》10本书，精选在各个领域中颇具代表性的成功人士的成长故事，为青少年的成长提供精神的营养、榜样的启迪。通过阅读《人生大学榜样讲堂》系列丛书，青少年不仅可以开阔眼界、增长见闻，还可以从榜样的经历中感受拼搏的激情，领悟人生的真谛。本套丛书将每个榜样人物深刻地解读，字字值得品味，篇篇引人思索，让读者与书籍进行一次心灵的对话。读榜样故事，与大师交流，那些成功人士将指引你把握命运，点亮你智慧的火种，指引你前进的方向，激励你奋进的步伐，成就你美好的未来！

第 5 章　成长人生：心灵成长的处方

第 6 章　洒脱人生：咀嚼生活的真味

第7章　智慧人生：用智慧撞击行动

第 **1** 章

美好人生：从要求自己开始

孔子说："躬自厚而薄责于人，则远怨矣。"意思就是说，做一个人，尤其是做一个君子，重要的是要严格地要求和责备自己，而对人则采取宽容的态度，在责备和批评别人的时候应该尽量做到和缓宽厚，这样，就自然不会招致怨恨了。假如人人都这样"严于律己，宽以待人"，我们的社会不就更加和谐了吗？

第一节　章太炎
——敢想敢做，百折不挠

章太炎，初名学乘，字枚叔，后改名绛，号太炎。浙江余杭人。清末民初民主革命家、思想家、著名学者，研究范围涉及小学、历史、哲学、政治等领域，著述丰富。

章太炎先生曾被称为"民国祢衡"，鲁迅先生说他"首先是个革命家，其次才是一个大学问家"。他敢于对清朝皇室、"民国总统"破口痛骂，大有击鼓骂曹之豪情；他曾和孙中山先生并肩战斗，煮酒论革命；他一生培育英才，鲁迅、胡适、黄侃等名人都是他门下的弟子。他称得上"名声在外"——"七被追捕、三入牢狱，而革命之志终不屈挠"。他的绰号是"章疯子"，但在他"疯"、"癫"、"狂"、"骂"的背后，显现出的却是学者的敏锐、思想家的洞见、革命家的胆识和国学大师的智慧。

做人就要有"一两分的神经病"

说到章太炎，人们就会想起鲁迅、钱玄同等响当当的人物，这些历史名人都是他的弟子。章先生青年时代就投身革命，其著作《驳康有为论革命书》轰动海内外，他曾因为点名骂光绪帝，而招致牢狱之灾；后来担任同盟会机关报《民刊》的主编，提如椽巨笔，行惊天之文，指点江山，为人们指明了道路，也为中国革命立下了汗马功劳。

但就是这样一个伟大的人物，却有着一个匪夷所思的绰号——"章疯子"，他本人非但不对此表示反感和愤慨，反而欣然接受。他还曾这么调侃自己："兄弟我是一个神经病。"现实生活中，一般人都唯恐别人说自己疯癫，章太炎不是这样，他公然宣称"才典功业，都是神经病里流出来的"，并在东京留学生会为他举办的欢迎会上说："也愿诸位同志，人人个个，都有一两分的神经病。"章太炎当年呼吁"推翻满清"、"光复汉族"，时人视为大逆不道而群相侧目，说他"疯癫"、"神经病"等等，章太炎也因此几陷囹圄，甚至几乎招致杀身之祸。但章太炎依然执着，"兄弟是凭他说个疯癫，我还守我疯癫的念头"。

但从章太炎的所作所为中我们可以看出，如果说章先生是"疯子"，那么他不是真的疯，这种疯和鲁迅先生《长明灯》中所写的"疯子"一样，因为不被世俗理解和触动了某些反动势力的利益才被误解和污蔑为"疯"，这"疯"中闪耀着真理的光芒，蕴含着呐喊前进的不屈力量。

诚如章太炎先生自己所说："独有兄弟却承认我是疯癫，我是有神经病，而且听见说我疯癫、说我有神经病的话，反倒格外高兴。这是什么缘故呢？大凡非常的议论，不是神经病的人断不能想；就算能想，亦不敢说。遇着艰难困苦的时候，不是神经病的人断不能百折不回、一意孤行，所以自古以来有大学问成大事业的，必得有神经病，才能做到。"

在这里，我们能够看出章先生"疯"的真正意义，那就是：敢想敢做，百折不回。道理其实很简单，一个人如果没有类似"疯"的这种"神经病"，不敢想前人所未想，不敢做前人所未做，只是抱残守缺，不去创新，那他肯定不会有大学问；一个人如果没有这种"神经病"，一遇到困难的阻碍、流言的诋毁便打退堂鼓，没有百折不回的毅力和勇气，不能坚持自己的意愿，那么他肯定不会成就一番大事业。所以，章太炎先生就曾认真地宣称："要把我的神经病质传染诸君，更传染与四万万人。"

敢想敢做的"疯狂"富翁

J·保罗·格蒂是石油界的亿万富翁，一位幸运的人，但在早期他走的却是一条曲折的路。他上学的时候认为自己应该当一位作家，后来又决定从事外交工作。可是，出了校门之后，他被俄克拉荷马州迅猛发展的石油业所吸引，于是，他毫不犹豫地改行，加入到蓬勃发展的石油业。

年轻的格蒂是有勇气的，但他并不莽撞。如果一次失败就足以造成难以弥补的经济损失的话，这种冒险的事他从来没有干过。他头几次冒险都彻底失败了。但是在1916年，他碰上了第一口高产油井，这个油井为他打下了幸运的基础——那时他只有23岁。

是走运吗？当然。然而格蒂的走运是应得的，他做的每一件事都有值得这样做的理由。那么格蒂怎么知道这口井会产油呢？他确实不知道，尽管他已经收集了他所能得到的所有事实。

"总是存在着一种机会的成分的，"他说，"你必须乐意接受这种成分；如果你一定要求有肯定的答案，那你就会捆住自己的手脚。"

这就是他成功的原因吧，敢想敢做，哪怕有一点点的希望也不放弃，坚持自己的信念，坚持着执着的"疯狂"。

生活中总是有那么多的"不可能"驻扎在我们的心头，吞噬着我们的理想和意志，让我们一步步在"不可能"中离自己的梦想和目标越来越遥远。其实，太多的"不可能"只不过是"纸老虎"，只要我们拿出勇气来主动出击，那么，"不可能"也会变为"可能"。敢想敢为、百折不挠就是我们走向成功之路的最强大的依靠。

第二节　鲁迅
——做人不可以没有骨气

鲁迅，原名周树人，字豫山，后改为豫才，我国现代伟大的无产阶级文学家、思想家、革命家，被誉为中国现代文学的一面旗帜。他的著作主要以小说、杂文为主，代表作有：小说集《彷徨》《呐喊》《故事新编》等，散文集《朝花夕拾》，散文诗集《野草》，杂文集《坟》《热风》《华盖集》《南腔北调集》《三闲集》《二心集》《而已集》等。

鲁迅先生以笔为武器，战斗了一生，被誉为"民族魂"。"横眉冷对千夫指，俯首甘为孺子牛"，堪称他一生的精神写照。他的一生是为中华民族的生存和发展奋斗的一生，他用自己的笔主持社会正义，反抗强权。他的一生是坚贞无畏的一生，毛泽东主席在《新民主主义论》中说道："鲁迅的骨头是最硬的，他没有丝毫的奴颜和媚骨，这是殖民地半殖民地人民最可宝贵的性格。"

没有空气可活，没有骨气不可活

说起鲁迅先生的骨气，相信每个人都会竖起大拇指，连伟大领袖毛泽东都称赞他说:"鲁迅的骨头是最硬的。"通过"横眉冷对千夫指"我们就能看出,鲁迅先生是一个敢于同黑暗势力做斗争的钢铁战士。鲁迅先生写出了许许多多振聋发聩的著作,通过不断"呐喊"唤起当时"彷徨"的人民起来斗争。

"真的猛士,敢于正视淋漓的鲜血,敢于直面惨淡的人生"便是鲁迅先生的真实写照。所以在当时的青年以及许许多多后人的眼中,鲁迅先生是中国最有骨气的人。鲁迅先生认为,一个人如果没有了骨气,奴颜婢膝地生活,那将是最大的悲哀,那样的人生毫无意义。

现在的时代变了,但是人要有骨气,这是任何时候都不会改变的。而今的社会,物欲横流,很多人年纪轻轻便迷失在物质享受中,毫无骨气可言。

在大街上,我们经常看见一群学生模样的人,跟着一个所谓的"大哥"横冲直撞,而且左一句"大哥"、右一句"大哥"地喊个不停。在网上,有一段真实的视频:两个中学生模样的人,在同是一群中学生模样的人的吆喝和威胁下,叫他们自己打自己就自己打自己,叫他们跪下就跪下,叫他们干什么就干什么。在电视新闻中,我们也会经常发现"校园暴力"的报道。当记者采访一些学生对那些具有校园暴力倾向的学生有什么看法时,很多人竟然觉得那是一种洒脱,觉得能跟某某人混是一种荣耀……

这是一件很可悲的事情。这些毫无骨气的青年,你能想象他们会有一个美好的未来吗?一个人不能没有了骨气,就好比一个人不能没有空气一般。没有了骨气,你就会成为别人的奴才,你就是一具行尸走肉,就真的应了臧克家说的那句话,"有的人活着,他已经死了",因为他活着也没有意义了。

古往今来,有骨气一直是我们所倡导的。从"廉者不食嗟来之食"

的古训，到陶渊明不为五斗米向乡里小儿折腰，再到李白高吟"安能摧眉折腰事权贵，使我不得开心颜"，以及朱自清宁可饿死也不吃美国救济粮……我们知道，他们都是一个个有骨气的人，都是真正挺起脊梁的大丈夫。

骨气好比空气一般，看不见摸不着。但是失去了它你就像失去了空气一样，你的人格将因为"缺氧"而"死亡"，你也将失去一个人称之为人的资格。骨气无价，一个人失掉了骨气，做人的价值也就无从谈起。这就是"骨气如空气，没有空气不能活，没有骨气不值得活"的道理。

做人要在内心涵养一种骨气，当自己的尊严受到侵犯的时候，一定要告诉自己：要挺起自己的脊梁，用行动捍卫自己的人格尊严。

做个"叛逆的勇士"

作为中国现代最伟大的文学家、思想家和革命家，鲁迅先生在《野草（题辞）》中暗暗表达了自己与黑暗势力绝不苟合、抗争到底的个性锋芒。他写道："我自爱我的野草，但我憎恶这以野草作装饰的地面。地火在地下运行，奔突；熔岩一旦喷出，将烧尽一切野草，以及乔木，于是并且无可朽腐。但我坦然，欣然。我将大笑，我将歌唱。"

鲁迅先生将自己比作野草，因为野草是"野火烧不尽，春风吹又生"的，它有着顽强的生命力。鲁迅先生将黑暗的反动势力比作地火，表达了自己就算被火焚烧也毫不畏惧的勇气。这其实就是一种锋芒毕露的个性，一种不与世俗同流合污的高尚品格。正是这种品格，让鲁迅先生成为中国文坛上一颗耀眼的明珠，他的文字总是那么疾恶如仇，他的形象总是那么铁骨铮铮。鲁迅先生锋芒毕露的个性，就是"叛逆勇士"的一张鲜活的名片。

在《淡淡的血痕中》鲁迅先生还写过这样一句发人深省的话："叛

逆的猛士出于人间；他屹立着，洞见一切已改和现有的废墟和荒坟，记得一切深广和久远的苦痛，正视一切重叠淤积的凝血，深知一切已死、方生、将生和未生。他看透了造化的把戏；他将要起来使人类苏生，或者使人类灭尽，这些造物主的良民们。造物主，怯弱者，羞惭了，于是伏藏。天地在猛士的眼中于是变色。"

可见"叛逆"并非全是坏事，它有时候是个性的代名词。在黑暗的时代，你敢于叛逆，敢于展现自己对黑暗势力不满的个性，敢于不那么逆来顺受，你就是一个值得人爱戴、尊重、敬畏的人。而你的叛逆、你的个性，将震慑那些腐朽的没落者，让那些软弱者感到羞愧。

"叛逆"不是让你离经叛道，不是让你胡作非为、无视社会公德，而是展露真实的自我。当今的时代，呼唤的就是敢于展现自我风采、敢于表现自我个性的"叛逆的猛士"。

2005年"超级女声"中的冠军李宇春的成功，就得益于她与众不同的个性。

可能看过2005年湖南卫视"超级女声"的朋友们都清晰地记得：李宇春论长相并不十分出众，也没有叶一茜等超女漂亮；论唱功可能不是张靓颖等超女的对手；论身材李宇春也不可能与婀娜多姿沾上边儿……然而，就是她，一直以最高的票数稳居超级女声的榜首。

这究竟是什么原因呢？北京太合麦田音乐董事、总经理宋柯曾这么评价李宇春："我就感觉，我的眼睛就离不开李宇春。这一屋子有一百个人，你老想看她，不想看别人，或者别人看两眼就不想看了。或者她一上舞台你就一直盯着她看，脑袋不会想别的事。"从这里我们可以知道李宇春成功的原因，就在于她的与众不同。而声乐泰斗金铁霖就更直接，他曾直言指出李宇春唱功欠佳，一语掷地地说："她能成为全国歌星是个性的成功。"

李宇春长相不是很美丽，唱功不是很精湛，然而现在李宇春很红很出名。为什么？就是因为她将自己锋芒的个性展现得淋漓尽致。

所以，新时代的青少年们不要再压抑自己的个性了，快乐地展现自己的个性，做个鲁迅先生所提倡的"叛逆的猛士"吧！

这是个张扬个性的时代，成功人士比比皆是，他们有的靠的是精湛的技艺，有的靠非凡的口才，有的靠灵活的处世方略……但他们都有一个共同的特点，那就是"与众不同"。他们之所以成为卓尔不群的成功一族，就是因为他们身上有不同于一般人的特质。因此，新时代的我们要勇敢亮出自己的个性，活出自我的风采。这个时代需要个性，成功需要与众不同！

第三节　林语堂
——做人要带点"丈夫气"

林语堂，福建龙溪（现福建漳州）人。原名和乐，后改玉堂，又改语堂。笔名毛驴、宰予、岂青等。中国现当代著名学者、文学家、语言学家。代表作有《京华烟云》《吾国与吾民》《风声鹤唳》等。

生活中的林语堂先生是个性情平顺、随和开朗而又机智幽默的人，是个温润如玉的谦谦君子。但他又是一个非常有原则、能够坚持己见的人。在为人上，他是个非常有气节的文人，"七七事变"后，林语堂先生在大洋彼岸向全世界呐喊："为了中华子孙能有个安身立命的地方，该和日军拼一拼啦！"在为文上，他说道："做文人要带点儿丈夫气，带点胆量。说自己胸中的话，独抒己见，不随波逐流，这就是文人的身份。"在做事上，林语堂先生身为我国现当代著名文学家，他的文章大多笔触细腻，风格明快，尤其是他的"以自我为中心，以闲适为格调"的小品文，更是清新幽然。但他在做事时却是非常认真仔细的，他的座右铭就是"文章可幽然，做事需认真"，从中我们也可见识到这位人文大师的处事智慧。

做文人要带点儿丈夫气

林语堂先生曾说过："做文人要带点儿丈夫气，带点儿胆量。说自己胸中的话，独抒己见，不随波逐流，这就是文人的身份。"他还说："文章做不好没有关系，人却不能做不好。我觉得看一个文化，就要看在这个文化里长大的人是变成怎么样的丈夫和妻子、父亲和母亲。比较之下，所有其他的成就——艺术、哲学、文学和物质生活——都变得毫不重要了。"这句话表明，林语堂先生认为做人是第一位的，做文人要坚持自己做人的原则，带点丈夫气来写文章，这才是文人应有的身份。

西方有句话说："一个人即使驾着的是一只脆弱的小舟，但只要舵掌握在他的手中，他就不会任凭波涛的摆布，而会有选择方向的主见。"

所谓的丈夫气就是有点"霸气"，有所执着，有所坚持，不随波逐流。像近代史上最具争议的文人胡兰成，虽然文笔优美，充满灵性，堪称才子，但他在做人上却不能被人认同。

1936年，发生了李宗仁、白崇禧等"桂系"军阀反对蒋介石的"两广事变"，当时胡兰成在广西教书，在《柳州日报》等报纸上发表文章，摇唇鼓舌，鼓吹两广与中央分裂，理所当然受到了军法审判。可他的政论暗藏玄机，引起了暗中窥觊者的注意，汪精卫系的《中华日报》开始约他撰稿。他的文章发表后，马上得到日本帝国主义刊物的青睐，当即翻译转载。

抗战爆发，上海沦陷，胡被调到香港《南华日报》当编辑。他写了一篇卖国社论《战难，和亦不易》，受到了汪精卫的赏识，立刻被提拔为《中华日报》总主笔。从此，他开始替汪精卫的亲日伪政权服务。1940 年汪伪政府成立，胡兰成任汪伪宣传部常务副部长、法制局长、《大楚报》主笔，慢慢地失去了自己的人格。正因如此，胡兰成为正直的文人所不齿，被人骂作"汉奸"、"走狗"。

大家看到，即使他有着非凡的才华，但失掉了文人应有的"丈夫气"，终不免落下骂名。人格是构建人生大厦的支柱，没有了它，壮丽与辉煌将无从谈起。因此我们要做一个纯粹的人，一个顶天立地的强者。

嵇康是"竹林七贤"之一，他一面崇尚老庄，恬静寡欲，好服食，求长生；一面却尚奇任侠，刚肠嫉恶，在现实生活中锋芒毕露。他对那些名目堂皇的教条礼法不以为然，更深深厌恶尔虞我诈的官场仕途。他宁愿在洛阳城外做一个默默无闻而自由自在的打铁匠，也不愿与小人同流合污。

不幸的是，嵇康那卓越的才华和不羁的性格，最终为他招来了祸端。他提出的"非汤武而薄周孔"、"越名教而任自然"的人生主张，深深刺痛了当政者。于是，在钟会之流的诽谤和唆使下，嵇康于公元 262 年被统治者司马昭下令处死。

嵇康行刑的时候，在刑场上有三千太学生向朝廷请愿，请求赦免嵇康。而此刻嵇康所想的，不是他那神采飞扬的生命即将终止，而是一曲美妙绝伦的音乐后继无人。他要过一架琴，在高高的刑台上，面对前来为他送行的人们，铮铮琴声响起，神秘的曲调，铺天盖地，飘进每个人心中。一曲弹毕，嵇康从容就死，那一刻，残阳如血。从此，《广陵散》在世间绝迹。

嵇康狂放的性格以及不低头、不媚俗的情操，真可谓大丈夫也。这就是高风亮节的代表。他们在当时志不能伸，含冤死去，却留一世英名与后人。像这种大丈夫一定是有大人格、大境界、大眼光、大胸襟的！人格是人生靓丽的风景线，唯有它，才具有吸引人、影响人的巨大魅力。

因此，正像林语堂先生所说的，做文人要带点儿丈夫气。其实也不只是文人，做人就要带点丈夫气，这是做人的基本原则；失掉了原则，也就失掉了做人的意义。

完美人生来自完美人格，也许我们不能名垂千古，但也要携一身正气；即使不能照亮世界，也要照亮自己的人生，这样我们的生命才有意义。

相信自己，不曲意听从

林语堂先生为人平和谦逊，说话温和幽默，极少与人争执，是个非常随和的人，但这并非说他没有主见。熟悉他的人都知道，林语堂先生是个非常坚持己见的人，只要是自己认定的事，便不会轻易改变。当然，他也是个非常谨慎的人，在做出决定之前，往往已经过深思熟虑。他常说："人都得有自己的主见，否则听这人一句，听那人一句，可就乱了套了。"

有这样一个故事：

一大清早，鹤就爬起来，拿起针线要给自己的白裙子上绣一朵花，以显出自己的娇艳美丽。刚绣了几针，孔雀探过头来问她："鹤妹，你绣的是什么花呀？"

"我绣的是桃花，这样能显出我的娇媚。"鹤羞涩地一笑。

"咳，干吗要绣桃花哩？桃花是易落的花，不吉利。还是绣朵月月红吧，又大方，又吉利！"

鹤听了孔雀姐姐的话，觉得有理，便把绣好的金线拆了改绣月月红。

正绣得入神时，只听锦鸡在耳边说道："鹤姐，月月红花瓣太少了，显得有些单调，我看还是绣朵大牡丹吧。牡丹是富贵花呀，显得雍容华贵！"

鹤觉得锦鸡妹说得对，又把绣好的月月红拆了，开始绣起牡丹来。

绣了一半，画眉飞过来，在头上惊叫道："鹤嫂，你爱在水塘里栖息，应该绣荷花才是，为什么要去绣牡丹呢？这跟你的习性太不协调了，荷花是多么清淡素雅啊！"鹤听了，觉得也是，便把牡丹拆了改绣荷花……

鹤每当快绣好一朵花时，总有人提不同的建议。她绣了拆，拆了绣，直到现在白裙子上还是没有绣上任何花朵。

自己的事情只有自己最清楚，自己的想法在这个时候显得尤为重要。无论何时何地，我们必须保持自己的独立自主，不要被任何人所控制，不要盲目听命于那些充满善意的人，那些一直在做"好事"的人，那些经常在劝告你要成为这样、成为那样的人。你所要做的就是听他们讲，然后谢谢他们。

还有一些人，在面对周围人的意见时，他们能够做到坚持己见，但面对所谓的"权威"时，又往往变得不自信，放弃自己的想法，而对别人的意见曲意听从。但事实上，"权威"就一定正确吗？我们应该相信自己的眼睛，相信自己的判断，如果一味地附和别人，我们将只能生活在他人的阴影下，不会得到发展。

在一所大医院的手术室里，正在进行着一场重要的手术。一位年轻护士第一次为一位赫赫有名的外科专家做助手。

　　复杂艰苦的手术从清晨进行到黄昏，就像打了一场艰苦卓绝的战斗，众人都疲惫极了。专家命令为患者缝合伤口，女护士突然严肃地盯着外科专家，说道："我们用的十二块纱布，您只取出了十一块。"

　　"我已经都取出来了，"专家断言道，"手术已经进行了一整天，病人需要休养，立刻开始缝合伤口！"专家又命令道。

　　"不，不行！"女护士高声抗议，"我记得清清楚楚，手术中我们用了十二块纱布。"

　　外科专家根本就不理睬她，命令道："听我的，准备缝合！"

　　女护士毫不示弱，她几乎大声叫起来："您是医生，您不能这样做！"

　　直到这时，外科专家冷漠的脸上才露出欣慰的笑容。他举起左手心里握着的第十二块纱布，向所有的人宣布："她是我最合格的助手！"

　　由上面的故事可以看出，有原则、有主见的人才是受人喜爱和接纳的。做人要有主见，不管面对的是谁的意见，如果你认为不符合事实，就应该勇敢地说出自己的想法。

　　认真地思考，做出自己的判断，然后相信自己，并勇敢地坚持自己的观点，这才是我们所要做的。

第四节　傅斯年
——严于律己，宽以待人

　　傅斯年，祖籍江西永丰，初字梦簪，字孟真。我国著名的史学家、文学家，曾任中央研究院历史语言研究所所长。

　　在近代学术史上，傅斯年先生是一个著名的人物。他是历史学家、教育家、五四运动的北大学生领袖、历史语言研究所创始人、北京大学代理校长、台湾大学校长，一生富有传奇色彩。他为人耿直狷介，而又天性仁和。他是知识分子中少有的敢在蒋介石面前跷起二郎腿说话的人。他对学生极其爱护，又要求甚严。而他做一切事情的前提是先更严地要求自己，批评别人之前，先把审视的目光放在自己身上。自我省察、严于律己，堪称是这位国学大师终生践履的信条。

宽以待人，严于律己

　　傅斯年先生对孔子"躬自厚而薄责于人，则远怨矣"这句话非常欣赏，常常拿这句话来自警，并说："做一个人，尤其是做一个君子，重要的是要严格地要求和责备自己，而对人则采取宽容的态度，在责备和批评别人的时候应该尽量做到和缓宽厚，这样，自然就不会招致怨恨了。"

　　　　颜回是孔子的一个得意门生。有一次他看到一个买布的人和卖布的在吵架，买布的大声说："三八二十三，你为什么收我二十四个钱？"颜回上前劝架，说："是三八二十四，你算错了，别吵了。"那人指着颜回的鼻子："你算老几？我就听孔夫子的，咱们找他评理去。"颜回问："如果你错了怎么办？"答："我把脑袋给你。你错了怎么办？"颜回答："我把帽子输给你。"两人找到了孔子。孔子问明情况，对颜回笑笑说："三八就是二十三嘛，颜回，你输了，把帽子给人家吧。"颜回心想，老师一定是老糊涂了，只好把帽子摘下，那人拿了帽子高兴地走了。

后来孔子告诉颜回："说你输了，只是输一顶帽子；说他输了，那可是一条人命啊！你说是帽子重要还是人命重要？"颜回恍然大悟："老师重大义而轻小是非，学生惭愧万分！"孔子这种宽厚与容忍绝对不是好争斗的小人能够做到的。明知对方错了，却不争不斗，反而认输，虽然自己吃点小亏，但使别人不受大损。不重表面形式的输赢，而重思想境界和做人水准的高低，这样的人其实活得很潇洒。

在现实生活中，我们可以严格要求自己，但是对他人可以不必很较真儿，这也是一种宽容的表现。"君子求诸己，小人求诸人"，意思是说君子严格要求自己，小人专门苛求别人。中国传统所崇尚的正是"宽则得众，能下人自有志，能容人是大器"的宽容精神。

一位哲学家在海边目睹一条船遇难。船上的水手和乘客全部溺死了。他痛骂上苍不公道，只因为一位罪犯正好乘坐这条船，竟然让众多的无辜者受害。

当哲学家正陷入这种苦恼之际，他发觉自己被一大群蚂蚁围住，原来他站的位置距离蚂蚁窝不远。这时，有一只蚂蚁爬到他身上并叮了他一口，他立刻用脚踩死所有的蚂蚁。

天神在这个时候现身，并用他的拐杖敲着哲学家的脑袋说："你既然以类似上苍的方式对待那些可怜的蚂蚁，难道你还有资格去批判上苍的行为吗？"

"宽以待人，严于律己"是中华民族的传统美德，也是做人的智慧。但在我们周围，总会有这样一些人，评判别人时头头是道，可当自己身陷其中，成为当事人，往往就没了标准，一不小心，就犯了相同的错误。

苛刻会把非常简单的事情变得复杂，而宽容则可以把复杂的事情变得简单。我们没有意识到，许多时候，我们其实是在做得不偿失的事情，使本来简单的事变复杂，然后再用复杂的办法解决，结果越来越复杂。世界上的事情也如此，本来可以通过谈判解决的矛盾，非以武力对待，结果问题就越发难以解决。

英国有一句谚语说得好："要想知道别人的鞋子合不合脚，穿上别人的鞋子走一英里。"工作中和生活中如果因为某件事情和别人发生了冲突，你应当设身处地地站在对方的立场上去考虑一下问题，而且如果你想要别人怎样对待你，你就要先怎样对待别人。可以想象，如果我们每一个人对自己的要求严格一点，对别人的要求宽松一点，那我们工作和生活的氛围就会轻松和愉快许多。否则的话，我们面临的只有无尽的误会和烦恼。

要做到宽容，必须具有豁达的胸怀，待人接物时不能对他人要求过于苛刻。应学会宽容，谅解、包容别人的缺点和过失。特别是在小事上，如果宽大为怀，必定能得到更多的肯定和信赖。

把审视的目光先放在自己身上

傅斯年先生为人耿直，但又天性仁和。他对自己要求极严，而在对别人提出要求之前，总会先把审视的目光放在自己身上。1940年，民国中央研究院拟设立一个民族学研究所，欲请有"非汉语语言学之父"之称的李方桂先生执掌。但李方桂先生对学术之外的东西一向如闲云野鹤，是出了名的"一不见官府，二不见记者"，更别提要他当官做领导了。

傅斯年先生时任中央研究院的总干事，这件苦差事就落到了他的头上。结果当然可想而知，李方桂先生坚辞不就，被逼得实在不耐烦了，竟不客气地对傅斯年说："我认为，研究人员是一等人才，教学人员是二等人才，当所长做官是三等人才。"因傅斯年早先一直坚守"参政而不从政"，此番又确为强人所难，想到此并不生气，反而恭敬地给李方桂先生深鞠一躬，说道："谢谢先生，我是三等人才。"

傅斯年之所以如此谦逊而恭敬地面对李方桂先生的指责，一是因为他本人的性情和对李先生的尊敬，同时也由于他先把审视的目光放在了自己身上，明白了自身的问题，从而能公正、平和地对待指责。

有一位工程师脾气非常暴躁，动不动就指责别人。他的不少助手、工人都挨过他的骂。有一天中午他去某个正在建设的工地巡查，发现几个助手在一起玩纸牌，虽然这不大符合规定，但因为是休息时间，因此也没什么大不了的。可是那天他的心情很不好，因为在前一天晚上与妻子吵了一架，脸上还被划破了。于是他走过去朝他的助手大嚷："谁让你们带来的牌？这是工地！你们是不是没脑子？做出这样的事！以后不允许再把私人的物品带到工地来！"

也许是因为有许多人围观，也许是因为他骂得太凶了，正在玩牌的一个助手也火了，他大声反驳："没错！先生，我们是把私人的物品带到工地了，可是一看你的脸就知道，你把私人的怨气也带到工地了吧！"他呆住了，周围的人发出了哄笑声，他只好在哄笑声中狼狈地走了。那次经历虽然让他觉得很难堪，但他却得到了一个宝贵的教训：在指责别人之前，先把审视的目光放在自己身上，因为你的错误也许比别人更严重。

这位工程师的错误，生活中很多的人还在重复。这些人习惯了批评别人，却不懂得检讨一下自己，结果批评不但没有使事情按自己预想的那样发展，反而给自己带来许多的麻烦。

我们无论是在批评别人，还是面对别人的批评时，都应该首先把审视的目光放在自己身上，看看自己有没有做得欠妥的地方。只有认清了自己，才能公正、明智地处理事情，不断地提高自己。

第五节　爱默生
——做人要靠自己成功

爱默生是确立美国文化精神的代表人物。美国前总统林肯称他为"美国的孔子"、"美国文明之父"。1803 年 5 月 25 日出生于马萨诸塞州波士顿附近的康考德村，1882 年 4 月 27 日在波士顿逝世。他的生命几乎横贯 19 世纪的美国，他出生时候的美国热闹却混沌，一些人意识到它代表着某种新力量的崛起，却无人能够清晰地表达出来。

爱默生的作品主要有《论文集》《代表人物》《英国人的特性》《诗集》《五日节及其他诗》。爱默生集散文作家、思想家、诗人于一身，他的诗歌、散文独具特色，注重思想内容而没有过分注重辞藻的华丽，行文犹如格言，哲理深入浅出，说服力强，且有典型的"爱默生风格"。有人这样评价他的文字："爱默生似乎只写警句"，从这句话中我们大约可以了解到，爱默生果然是一个"寓教于文"的学者。

人要信赖自我

爱默生的《论文集》赞美了人要信赖自我的主张，这样的人相信自己是所有人的代表，因为他感知到了普遍的真理。爱默生以一个超验主义者的口吻，平静地叙说着他对世界的看法，超验主义结合并渗透了新柏拉图主义和类似加尔文教派的一种严肃道德观和那种能在一切自然中发现上帝之爱的浪漫派乐观主义。

1835年9月，爱默生和其他志趣相投的知识分子创立了"超验俱乐部"，直到1840年7月，爱默生用化名出版了他在1836年9月创作的第一本小品文《论自然》。当作品成为超越论的基本原则时，很多人立即认为这是意大利的作品。

1837年爱默生以《美国学者》为题发表了一篇著名的演讲词，宣告美国文学已脱离英国文学而独立，告诫美国学者不要让学究习气蔓延，不要盲目地追随传统，不要进行纯粹的模仿。另外这篇讲词还抨击了美国社会的拜金主义，强调人的价值，被誉为美国思想文化领域的"独立宣言"。一年之后，爱默生在《神学院献辞》中批评了基督教唯一神教派死气沉沉的局面，竭力推崇人的至高无上，提倡靠直觉认识真理。"相信你自己的思想，相信你内心深处认为对你合适的东西对一切人都适用……"文学批评家劳伦斯·布尔在《爱默生传》中说，爱默生与他的学说，是美国最重要的世俗宗教。

1838年他获邀回到哈佛大学神学院为毕业典礼致辞。他的评论立刻震惊整个新教徒的社会，因为他说明了当耶稣是一个人时，他并不是神。因此，他被谴责是一名无神论者，并毒害了年轻人的思想，面对着这些批评他并没有作任何回应或辩护。他知道，在当时那样的社会背景和条件下，他的这些言论很难被人们认可和接受，不过，他自己坚持，所有的成功和"神"没有关系，人都是靠自己成功。

超越自我，成为强者

阿尔伯特·爱因斯坦是举世闻名的德裔美国科学家，现代物理学的开创者和奠基人，是相对论、"质能关系"的提出者，"决定论量子力学诠释"的捍卫者。1999 年 12 月，爱因斯坦被美国《时代》周刊评选为"世纪伟人"，他就是依靠自己的力量成功的。

小时候的爱因斯坦并不聪明，甚至可以说有些"笨"。

一次工艺课上，老师从学生的作品中挑出一张做得很不像样的木凳对大家说："我想，世界上也许不会有比这更糟糕的凳子了！"在哄堂大笑中，爱因斯坦红着脸站起来说："我想，这种凳子是有的！"说着，他从课桌里拿出两个更不像样的凳子，说："这是我前两次做的，交给您的是第三次做的，虽然还不行，却比这两个强得多！"

在讥讽和侮辱中，爱因斯坦慢慢地长大了，升入了慕尼黑的卢伊特波尔德中学。在中学里，他喜爱上了数学课，却对其余那些脱离实际和生活的课不感兴趣。孤独的他开始在书籍中寻找寄托，寻找精神力量。就这样，爱因斯坦在书中结识了阿基米德、牛顿、笛卡儿、歌德、莫扎特……书籍和知识为他开拓了一个更广阔的空间。视野开阔了，爱因斯坦头脑里思考的问题也就多了。

一天，他对经常辅导他数学的舅舅说："如果我用光在真空中的速度和光一道向前跑，能不能看到空间里振动着的电磁波呢？"舅舅用异样的目光盯着他看了许久，目光中既有赞许，又有担忧。因为他知道，爱因斯坦提出的这个问题非同一般，将会引起出人意料的震动。此后，爱因斯坦一直被这个问题苦苦折磨着。

1895年秋天，爱因斯坦经过深思熟虑，决定报考瑞士苏黎世大学。可是，他却失败了，因为外文不及格。落榜后的他并没有气馁，参加了中学补习。一年以后，他获得了中学补习合格证书，并且考入了苏黎世工业大学。这时的他，已经在为自己的未来做准备了。他把精力全部用在课外阅读和实验室里。教授们看见他读和学习无关的书、做和考分无关的试验，非常不满和生气，认为他"不务正业"。

爱因斯坦大学毕业时，正赶上经济危机爆发，由于他是犹太人血统，又没有关系，又没有钱，所以只好失业在家。为了生活，他只好到处张贴广告，靠讲授物理获得每小时3法郎的生活费。失业的这段时间，给了爱因斯坦很大的帮助。在授课过程中，他对传统物理学进行了反思，这促成了他对传统学术观点的猛烈冲击。经过高度紧张兴奋的5个星期的奋斗，爱因斯坦写出了9000字的论文——《论动体的电动力学》，狭义相对论由此产生。可以说，这是物理学史上的一次决定性的、伟大的宣言，是物理学向前迈进的又一里程碑。

爱因斯坦根据自己的成功经验说出了成功的真谛："钢铁般的意志比智慧和博学更重要。"许多年来，爱因斯坦的这句话一直被人们传颂着。

爱因斯坦的故事告诉我们，一个人不聪明并不可怕，可怕的是自己先泄了气。只要你肯为你的目标付出艰辛的劳动，并配合正确的方法，就一定会得到成功。许多在事业上有成就的人，在童年时代、少年时代并不一定锋芒毕露，相反，他们却大多平凡，甚至显出迟钝、愚笨的样子，常常要被周围的人嘲笑、讥讽。如果因为自己笨就灰心丧气，不再努力，那不是将自己潜在的才华、能力都扼杀在摇篮中了吗？

青少年应该懂得，每一个人都有不同的才能，每一个人在生命的长河中都会找到属于自己的归宿。只有这样相信自己，才能依靠自己取得成功。

第 2 章

坦荡人生：把事情做到位

"把事情做到位"是很有内涵的一句话，这个"到位"就是让我们把事情做得恰到好处，既不会太过，又不会不及，而且自己在思想上也应该有一个正确的心态，不能优柔寡断、退缩不前，而要大肚能容，尽力为之。把事情做到位，凡事无愧于心，这样才是坦荡的人生。

第一节　冯友兰
——过犹不及，做事贵在有度

冯友兰，字芝生，河南南阳唐河人。我国现当代著名的教育家、哲学家。他为中国哲学史的学科建设做出了重大贡献。

他是一个饱受非议的国学大师，也是一个人生大起大落的伟大哲学家，他的一生充满了"是是非非"。他曾执笔致函蒋介石为民请命，让蒋介石感动得流下眼泪；他也曾亲笔致信毛泽东，表示愿意改造思想。

"文革"中他饱受非议和凌辱而心平气和，"文革"后他备受推崇和优待而宠辱不惊。他的生活闪耀着豁达为人的哲学光芒，他的"人生境界说"更是无比经典。在"智山慧海传真火，愿随前薪作后薪"的自勉之词下，他桃李满天下、薪火遍神州。"宠辱不惊、从容豁达"堪为他一生的精神写照。

物极必反，将事做到恰到好处

老子在《道德经》中说："曲则全，枉则直，洼则盈，弊则新，少则得，多则惑。"这句话的主旨就是冯友兰先生所概括的"事物变化之一最大通则，即事物若发达至于极点，则必一变而为其反面"，也就是中国人常说的一句话：物极必反。

这一古人从自然现象中领悟到的朴实道理，虽早已达到了人所共知

的程度，但真正能引以为戒的人却并不多。

智伯瑶本来是个非常聪明的人，差一点就一统中原，可是因为不明白物极必反的道理，最后他聪明的脑袋就被"反"成了夜壶。

春秋时期，中原霸主晋国经过常年的争霸战争，国势渐渐衰落，实权由六家大夫把持。他们各自为营，相互攻打。后来有两家被打垮，剩下四家——智、赵、韩、魏，其中智家势力最大。

智家的大夫智伯瑶野心不小，对其他三家的土地虎视眈眈。于是他对三家大夫赵襄子、魏桓子、韩康子提出每家都拿出一百里土地和户口来归给公家，其实是想借公家的名义来霸占这些土地。

智伯瑶的不良居心早就暴露了，大家对此也心照不宣。但是这三家当时还没有坐在一条船上，韩家首先割地给智家，魏家一看这形势，也不敢得罪智伯瑶，于是最后只剩下赵襄子寸土不让。火冒三丈的智伯瑶立刻命令韩魏两家一起攻打赵家。寡不敌众的赵襄子最后带着兵马撤退到了晋阳，也就是现在的山西太原市。

智伯瑶围攻了晋阳城两年多也没有攻克下来，有一天，他去城外查看地形，突然有了办法——把绕过晋阳城向下流的晋水向西南边引来，就可以淹了晋阳城。这个办法果然奏效，智伯瑶得意得昏了头，带着韩康子和魏桓子去显摆他的金点子。韩康子和魏桓子暗自吓了一跳，因为他们两家的封邑旁边也各有一条河道。智伯瑶正好提醒了他们：说不定有一天他们也会遭此厄运。

正好赵襄子派人偷偷摸摸找到韩、魏二人，三家一拍即合，决定反过来结盟攻打智伯瑶。可怜的智伯瑶还在做着黄粱美梦的时候，被赵襄子一刀砍下了脑袋。赵襄子还是觉得不解气，又把智伯瑶的脑袋做成沥水用的容器，"夜壶"这项发明就是由此而来。

虽然现实生活中的人们不太会遭遇如智伯瑶这样的悲惨下场，但在物极必反的规律之下，所有人都是平等的，都必须承受"过度"所带来的恶果。

《尹文子大道》上有一个故事：

> 齐国有一个姓黄的老相公，他有两个女儿，都长得十分漂亮，堪称国色天香。但这位黄公每与人谈起他的两个女儿，总是"谦虚"地说："小女质陋貌丑，粗俗蠢笨。"这些话被一传十、十传百，以致他两个女儿的"丑陋"远近闻名，直到过了婚嫁的年龄，仍无人求聘。后来有个鳏夫，因无钱再娶，无奈之下，便到黄公门上求婚。黄公因大女儿年龄已大，也不再考虑是否合适，便一口答应了。婚礼完毕，这位新郎揭开新娘的盖头一看，不禁大喜过望，原来自己娶到的竟然是一位绝代佳人。消息传开，人们才知道黄公言之不实，于是一些名门子弟竞相求娶他的小女儿。

齐国黄公本想得到一个谦虚的美名，但由于他谦虚过分，反而耽误了女儿的青春，实在是得不偿失。如想避免此类事情的发生，唯一的办法便是把握好物极必反中的那个"极"。这个"极"的界限究竟在何处，冯友兰先生做出了回答：一个可以适合一切事情的界限，是无法划出来的。就像我们平常吃饭，吃得适当，就对身体有益，吃得太多反而会生病。究竟什么样的饭量才算合适，那是因人而异的。

或许我们无法明确每件事的"极"在哪里，但只需细细品味、用心把握，将事情做得恰到好处，一定能避开物极必反的魔咒。

把事情做到位，避免功亏一篑

冯友兰先生说过，"我们在一生中，想做的事不一定都能成功，而尤其是新兴的事业，那更没有把握了……所以我们无论做什么事，遇到失败，千万不要灰心，仍然要继续做下去。"他也正是秉持着这份坚持，才收获了在哲学领域的成功。

其实，他曾经历的也和绝大多数的人一样。做一个开始的决定，总是很容易，但当事情逐渐地发展下去时，人们会发现越来越多的问题出现了：没有时间、外界干扰、条件不允许……分歧也由此产生。很多人开始动摇，开始心存疑惑：我真的能做完这件事吗？接着，开始气馁、灰心丧气，随后便是退缩与放弃，如此成功变得遥不可及。

冯友兰先生则不同，他和其他获得成功的人一样，面对诸多的阻挠与困难，仍然坚持不懈地继续下去，跨越一个又一个的障碍，最终迎来了期望中的成功。

古时候，有一个人要筑一座九仞（八尺＝一仞）高的山。他堆了一年又一年，不论严寒酷暑，废寝忘食地从远处挖土，再挑土，再堆到山包上，终于有一天，他就要完工了。这一天也如往常一样，鸡刚叫他就起床开工，一筐又一筐，眼看着山就要到9仞高了，只差一筐土的工夫。但他一摸肚子咕咕叫，天又下起雪来，认为只差一筐土了，就回家去了。此后，他总因只差一筐土而偷懒，所以这一筐土至死他也没堆上，终究这座只差一筐土的九仞高的山还是没有堆成。这就是"为山九仞，功亏一篑"的故事。

很多时候，成功并没有想象中那么遥远，也许只是"一筐土"的问题。大戏剧家莎士比亚说："千万人的失败，都失败在做事不彻底，往往做到离成功还差一步，便终止不做了。"这样的失败，无疑很令人扼腕。其实，我们与成功只有一步之遥，这一步便是坚持不懈、锲而不舍。

第二节　胡适
——做事要"敢为天下先"

胡适，原名嗣穈，学名洪骍，字希疆，后改名胡适，字适之。安徽绩溪上庄村人。现代著名学者、诗人、历史学家、文学家、哲学家。因提倡文学革命而成为新文化运动的领袖之一。

胡适先生作为我国现代著名的学者、历史学家、文学家、哲学家，其学识修养自不必说，而他的高尚德行更为时人所敬仰。他在就任北京大学校长期间，以独特的慧眼和宽大的胸怀接纳年仅 30 多岁的季羡林为北大正教授兼东方语言文学系主任，以"严似冰霜，却也煦如春风"的态度培养罗尔纲，都为时人所称道。

成功始于尝试

胡适先生因提倡文学革命而成为新文化运动的发起人和领导人之一，正是在他的提倡下，才有了我们现在平实易懂的白话文，否则我们还在吟诵着"之乎者也"呢。他还率先在《新青年》上发表了《文学改良刍议》，开文学革命的先河。

在当时的历史背景下，胡适先生毅然以一种"敢为天下先"的身姿，担当起唤醒国民清醒意识的重任。为了消除当时人们身上的奴性，造就独立、自由的人格，把人从封建伦理、天命的束缚中解放出来，胡适先生主张救国必先启蒙、必先救人，"争你们自己的人格，便是为国家争人格"这句话便在胡适先生的笔下流出。

在中国现代文学史上，人们对胡适先生的评价很高，对于他在文学史上的功绩给予了极大的肯定。确实，胡适无论是在新文学理论的倡导方面还是在文学实绩的创造方面，都有很高的成就。他的《尝试集》是中国文学史上第一部白话诗集。

胡适先生的诗，流传最广的就是《两个黄蝴蝶》：

两个黄蝴蝶，双双飞上天。
不知为什么，一个忽飞还。
剩下那一个，孤单怪可怜。
也无心上天，天上太孤单。

现在读来，这首诗非常浅显，和现代文学史上后来的新诗如徐志摩的《再别康桥》或者戴望舒的《雨巷》相比，其思想和艺术方面的成就都不高。但是为什么胡适的这首诗永久地载入了文学史册呢？答案很简单，那就是因为它是现代新诗最早的尝试。胡适的诗集叫《尝试集》，点明其中的新诗只是一种尝试，还不是成熟的作品。

从这首诗来看，感染力和影响力虽然有限，但正是胡适先生以及被胡适先生所鼓舞和影响的更多的知识分子的无数此类"尝试"的活动，造就了现代新诗和新文学的辉煌。他们的尝试步履维艰，但是最终将中国引入了新文学的广阔天地，并且将中国文学带入了世界文学的领域。

这正像很多人说的那样："成功始于尝试。"尝试代表的就是一种敢为天下先的勇气。尝试不一定总能一下子成功，但只要确实为之努力奋斗过，那就足够了。因为这种勇气足以让我们面对以后的种种困难。

伟大的发明家爱迪生为了尝试从黄金葛中提炼出橡胶，居然做了 10000 多次实验。我们能够知道这一点，是因为他在笔记本中记录了每一次实验的过程。在这些实验过程中，爱迪生曾向一位记者提到，他已经进行了 5000 次实验。记者大为惊讶，脱口而出："你的意思是，你已经犯 5000 次错误了吗？"爱迪生摇摇头，平静地说："不是这样。我们已经成功地掌握了 5000 种并不适合的方法。"对于爱迪生来说，5000 次的尝试，实际上是 5000 次的成功，因为他证明了 5000 种方法都不能从黄金葛中提炼出橡胶，然后他才能继续尝试下去，直到最终成功。

以这样惊人的勇气和毅力，爱迪生取得了一生中的 1093 项专利，包括电报、现代化的打字机、实用的电话、第一台留声机、家用白炽灯泡、第一台发电机、电影、储备式电池、录音机、油印机等改变人类生活的伟大发明。我们可以想象得到，每一项成果的问世都经历了多少艰难的尝试，可以肯定地说，正是因为尝试，因为"敢为天下先"，才能创造出一个又一个伟大的奇迹。

容忍比自由更重要

胡适先生主张对人对事要学会容忍，在一篇文章中他说："我受了十年的骂，从来不怨恨骂我的人。有时他们骂得不中肯，我反替他们着急；有时他们骂得太过火了，反损骂者自己的人格，我更替他们不安。如果骂我而使骂者有益，便是我间接于他有恩了，我自然很情愿挨骂。如果有人说，吃胡适一块肉可以延寿一年半年，我也一定情愿自己割下来送给他，并且祝福他。"

在晚年时，胡适先生更鲜明地提出了"容忍比自由更重要"这一独到的见解。意思就是说，只有学会彼此容忍，我们才能够获得真正的自由。因为在现实生活中，往往是一个人为了得到自由而侵犯了他人的利益，影响到他人的自由。比方说：你在宿舍想唱歌，而此时很有可能你另一个室友却想睡觉，你有唱歌的自由，他有睡觉的自由，然而你唱歌的自由肯定会影响到他睡觉的自由，如果此时你们不能彼此容忍的话，那么你们彼此的自由将肯定难以实现；而要是你们学会容忍，在你想唱歌时，你的室友选择了不睡觉，或者你听到室友想睡觉后，放弃唱歌而选择其他时间来唱，那么你们彼此的自由都得到了尊重和实现。

丘吉尔是英国显赫的贵族公爵马尔巴罗家族的后代。丘吉尔的母亲詹妮是美国百万富翁杰罗姆的女儿，1873 年与丘吉尔的父亲伦道夫结婚，1895 年 1 月 24 日伦道夫因病医治无效，溘然去世。这时的詹妮虽已 40 多岁，但依然美艳惊人。不久，她便萌生了嫁给一个 25 岁男人的想法。

消息一经传出，立刻遭到众多亲友的反对。就在詹妮几乎要放弃了的时候，詹妮 25 岁的儿子、与母亲要嫁之人同岁的丘吉尔，坚决地握住她的双手："亲爱的母亲，就算全世界都反对您，我也会勇敢地站在您这边，所以，请您一定要勇敢。"儿子坚毅、鼓励的目光，让詹妮义无反顾地披上了洁白的婚纱。但这桩婚姻并没有维持多久。10 多年过去了，此时的丘吉尔已经凭借卓越的才能跻身政坛，而 60 岁的詹妮却要再次迎来婚礼。

这次的决定同样遭到众人强烈的反对，尤其是儿子的那些反对派们。詹妮犹豫了。这次与上次不同，丘吉尔打小就怀有雄心壮志，并且具备实现远大理想的能力。她不想因为自己而贻误儿子的前程。然而，令她意想不到的是，儿子又一次握住了她的手："如果让我在我的仕途与您的幸福之间作选择，我心甘情愿地选择后者。请您不要再有任何顾虑。母亲幸福，我才幸福。"

詹妮又一次无比快乐地迈入了婚姻的殿堂。婚礼上，儿子依然像上次一样，坚强地站在她的身边，而另一边则是比儿子还要年轻的 36 岁的新郎。

丘吉尔深深懂得"容忍比自由更重要"，他以一颗宽容的心包容了自己母亲的行为，使自己母亲的自由得到了实现，也塑造了自己宽容的形象。后来，在丘吉尔当上英国首相之后，他依然以"容忍比自由更重要"的理念面对政敌的诽谤和攻击，从而使自己成为英国杰出的政治人物。而在他这种观念的影响下，英国的人们都学会了彼此容忍和尊重他人的自由，并且英国的民主政治也得到了极大的推动，自由的观念更是深入人心。

在我们现实的学习生活中，难免会有些磕磕碰碰，冲突和争执在所难免。但我们必须学会用容忍、宽容的心态处理生活中的冲突和争执。一个人经历过一次忍让，就会多一份宽阔的心胸。

第三节　南怀瑾
——弱水三千，一瓢足矣

南怀瑾，1918 年出生于浙江温州乐清南宅殿后村，我国当代著名的国学大师、诗人。他自幼接受传统私塾的严格教育，少年时期就已遍读诸子百家，兼学拳术、剑道等各种功夫，同时苦心研习文学、书法、诗词曲赋、天文历法诸学，并深得其精要，是中国传统文化的积极传播者。其著作多以演讲整理为主，内容往往将儒、释、道等思想进行比对，别具一格。20世纪80年代末筹资兴建金温铁路，并于1998年建成通车。

南怀瑾先生学问博大精深，融贯古今，涵盖儒、释、道，更及于医卜天文、诗词歌赋。在台湾，人们尊称他为"教授"、"大居士"、"哲学家"、"禅宗大师"和"国学大师"，一度名列"台湾十大最有影响的人物"。代表作有《论语别裁》《老子他说》《孟子旁通》《易经杂说》等。

执着于一点坚持下去

做事，有时只需执着于一点。南怀瑾是一位极富传奇色彩的国学大师，他的学问融汇儒、释、道之精华，兼具"诸子百家"之精髓。

南怀瑾先生曾说，一个人如果对生命之中的一切都想把握得很牢，那么他将注定是失败的。因为人生是不可能被人完全掌控的，正所谓"谋事在人，成事在天"，生命中总有些难以预料的事情，把握不住的时候也不需太过执着。我们要做的是"弱水三千，取其一瓢"，执着于一点，然后坚持下去就足够了。

有一条河流从遥远的高山上流下来，流过了很多个村庄与森林，最后它来到了一个沙漠。它想："我已经越过了重重的障碍，这次应该也可以越过这个沙漠吧！"当它决定越过这个沙漠的时候，它发现它的河水渐渐消失在泥沙之中，它试了一次又一次，总是徒劳无功，于是，它灰心了："也许这就是我的命运了，我永远也到不了传说中那个浩瀚的大海。"它颓丧地自言自语。

这时候，四周响起了一阵低沉的声音："如果微风可以跨越沙漠，那么河流也可以。"原来这是沙漠发出的声音。小河流很不服气地回答说："那是因为微风可以飞过沙漠，可是我却不可以。"

"因为你坚持你原来的样子，所以你永远无法跨越这个沙漠。你必须让微风带着你飞过这个沙漠，到达你的目的地。你只要愿意放弃你现在的样子，让自己蒸发到微风中。"沙漠用它低沉的声音这样说。

小河流从来不知道有这样的事情，"放弃我现在的样子，然后消失在微风中？不！不！"小河流无法接受这样的事情，毕竟它从未有这样的经验，叫它放弃自己现在的样子，那不等于是自我毁灭了吗？"我怎么知道这是真的？"小河流这么问。

"微风可以把水汽包含在它之中，然后飘过沙漠，等到了适当的地点，它就把这些水汽释放出来，于是就变成了雨水。然后，这些雨水又会形成河流，继续向前进。"沙漠很有耐心地回答。

"那我还是原来的河流吗？"小河流问。

"可以说是，也可以说不是。"沙漠回答，"不管你是一条河流或是看不见的水蒸气，你内在的本质从来没有改变。你之所以会坚持你是一条河流，因为你从来不知道自己内在的本质。"此时小河流的心中，隐隐约约地想起了自己在变成河流之前，似乎也是由微风带着自己，飞到内陆某座高山的半山腰，然后变成雨水落下，才变成今日的河流。于是，小河流终于鼓起勇气，投入微风张开的双臂，消失在微风之中，让微风带着它，奔向它生命中的某个阶段。

生活中有很多人就像这条小河一样，既想要保留自己原有的，又想要得到自己想要的，而这样做的结果往往徒劳无功。我们要像这条小河一样，既然以越过沙漠为目的，那就要放弃一些不必要的坚持，专心为目标而奋斗。

弱水三千，我只取一瓢，一个人需要的不是把握全部，而是只执着于一点，坚持下去，才能最终实现自己的目标。

耐心等待，步步为营

春秋时期，孔子的弟子子夏到莒父做宰辅，问孔子如何施政。孔子笑着说："无欲速，无见小利；欲速则不达，见小利则大事不成。"南怀瑾解释说："孔子告诉子夏为政的原则就是要有远大的眼光，不要急功近利，不要想很快就能拿成果来表现，也不要为一些小利益花费太多的心力，要顾全到整体大局。"

一味主观地求急图快，违背了客观规律，事情很可能向相反的方向发展。因此，我们做事要摆脱速成心理，步步为营，不贪多也不图快。

急于求成，恨不能一日千里，"一万年太久，只争朝夕"的人时常会"欲速则不达"。放眼社会，大多数人知道这个道理，却总是背道而驰。事实上，很多历史上的名人是在犯过此类错误之后才懂得成功的真谛的。

宋朝的朱熹是个绝顶聪明之人，他十五六岁就开始研究禅学，然而到了中年之时，才感觉到速成不是修习良方，之后经过一番苦功，方有所成。他有一句十六字箴言，对"欲速则不达"作了一番精彩的诠释："宁详毋略，宁近毋远，宁下毋高，宁拙毋巧。"

急于求成的人往往性格浮躁，做一件事情总恨不能马上做好。追求效率原本没错，然而，一旦过分追求，便会丧失做事的目的性，最终一事无成。因为太过急功近利，必定造成目光短浅，只看到眼前的利益，盲从世俗，这样的人只能庸庸碌碌，最后一无所获，更别说体验成功了。

我们可以观察生活中的每一位成功者，他们都不是求多、求快来完成工作的。作家会因为急于求成而写不出好作品，艺术家会因为急于求成而忽视了艺术的内涵，运动员会因为急于求成有违规行为。为求得一时的痛快，而让自己的身体和精神极度的劳累，毫无幸福可言。

1910 年，28 岁的他只是一个从耶鲁大学中途辍学的木材商人。有一天，他在观看了一场飞行表演后突发奇想：为什么不把飞机改造成经济实用的交通工具呢？自此，他对飞机产生了浓厚的兴趣，并不断研究飞机的构造。因为那时驾乘飞机只是少数人用以娱乐、运动的一种昂贵消费，所以当时科学界对他提出的所谓"发展航空事业"嗤之以鼻。但他并未就此放弃，而是开始了十几年如一日的飞机制造。

20 世纪 20 年代，他觉得替美国邮政运送邮件将会是一桩赚钱的生意，于是决定参加"芝加哥——旧金山邮件路线"的投标。为了赢得投标，他把运输价格压得非常低，反而引起了专家们的怀疑，他们认为他的公司必倒闭无疑，甚至邮政当局也怀疑他能否撑得下去，要求他交纳保证金才肯签约。但他自信满满，他对公司所研制的飞机重量进行了严格的要求，不出所料，他的邮件运送业务开始获利，很快，他从运送邮件发展到载运乘客。

二战结束后，航空工业空前萎靡，他的公司也停产了。为谋生计，他不得不转为制作家具，但仍想方设法供养着公司的几个重要骨干，以保证飞机研发计划能继续进行。他身边传来各种各样的声音，大部分人认为他太过狂热、不切实际，但他坚信，航空业终究会柳暗花明，他说："我可以预见未来……"

他就是这样特立独行、坚守信念。今天，这个自以为是的人所创立的飞机制造公司成为全世界最大的商用飞机制造公司之一，他便是闻名全球的波音飞机制造公司的创始人——威廉波音。

南怀瑾力戒急于求成，希望世人学会等待。因为只有知道如何等待的人才具有深沉的耐力和宽广的胸怀。行事绝不要过分仓促、目标繁多杂乱，否则便会"贪多嚼不烂"，到最后难有所成。

第四节　季羡林
——做事最忌优柔寡断

季羡林，出生于山东省临清市康庄镇。字希逋，又字齐奘。著名的古文字学家、历史学家、东方学家、思想家、翻译家、佛学家、作家。曾任中国科学院哲学社会科学部委员、北京大学副校长、中国社科院南亚研究所所长。

季羡林早年留学国外，通英、德、梵、巴利文，能阅俄、法文，尤其精于吐火罗文，是世界上仅有的精于此语言的几位学者之一。有人赞誉他"梵学、佛学、吐火罗文研究并举，中国文学、比较文学、文艺理论研究齐飞"，其著作汇编成《季羡林文集》，共 24 卷。生前曾撰文三辞桂冠：国学大师、学界泰斗、国宝。

做事要有创新，优柔寡断要不得

中国有个成语叫"三思而行"，意思是做事之前要多考虑几遍，这样才能更好地把事情做好，不出错。但是季羡林却不是很同意这种观点。他觉得，必要的考虑是可以的，不考虑就做事是莽撞，是没有头脑；但只知道考虑，甚至考虑清楚之后还要多想几遍，这就是优柔寡断，会误事。季老提到自己时说："我平常做事不但三思，而且超过三思——是否达到了人们要求的'十思'，没做统计，不敢乱说。反正是思过来，思过去，越来越糊涂，终而至于头昏昏然，仍不见行动。"

这就是季老所说的自己多思的后果。太多的无谓思考，容易使人丧失判断力和行动力。

年轻的皮柏是纽约邓肯商行的职员。有一次，他去古巴的哈瓦那采购了鱼、虾、贝类及砂糖等货物。返回时，轮船停泊在新奥尔良，他来到嘈杂的码头，看到码头上黑人正在忙碌着上货、卸货。这时一位陌生白人拍了拍他的肩膀，问道："小伙子，想买咖啡吗？"那人是往来于美国和巴西的货船船长，受托到巴西的咖啡商那里运来一船咖啡，没想到回来后美国的买主已经破产，他只好自己推销那船咖啡。只要给现金，他可以以半价出售。皮柏考虑了一会儿，决定买下这些咖啡。

于是他带着咖啡样品，到新奥尔良与邓肯商行有联系的客户那儿推销。有的职员劝他谨慎行事，因为价钱虽然让人心动，但舱内的咖啡是否同样品一样，就不好说了，何况以前还发生过船员欺骗买主的事。但皮柏并未动摇决心，他以邓肯商行的名义买下全船咖啡，并发电报给邓肯商行，说已买到一船廉价咖啡。然而，邓肯商行回电严加指责，不许皮柏擅自使用公司名义，要求他立即取消这笔交易。皮柏只好发电报向伦敦的父亲求援。在父亲的默许下，皮柏借用父亲的户头偿还了原来挪用邓肯商行的金额。他还在那名船长的介绍下，买了其他船上的咖啡。

皮柏赌赢了。就在他买下咖啡不久，巴西咖啡因受寒而大量减产，价格一下子猛涨了2~3倍。皮柏大赚了一笔！皮柏的全名是约翰·皮尔庞特·摩根，也就是后来的美国金融界巨擘——摩根集团的创始人。

做事求稳没有错，过于寻求稳妥，势必会导致性格保守、不敢开拓、缺少魄力。所以，这就要求我们遇事要尽量果断地做出决定，一旦对事情考察清楚，制订了周密的计划，就不要犹豫和怀疑，要勇敢果断地去做，这样做事才能更顺利地去争取成功。

世界上任何事情——是非、利害、善恶……都是"相对"的，没有"绝对"的。处理一件事情的时候，考虑一下，再考虑一下，想两次就可以了。如果再考虑第三次，很可能就会犹豫不决，再也不会去做了。所以谨慎是必要的，但过于谨小慎微就大可不必了。

狼和驴的过失

《聊斋志异》里记载了这样一个故事：

两个牧童进深山，入狼窝，发现两只小狼崽。他俩各抱一只分别爬上大树，两树相距数十步，半晌老狼来寻子。一个牧童在树上掐小狼的耳朵，弄得小狼嚎叫连天，老狼闻声奔来，气急败坏地在树下乱抓乱咬。

此时，另一棵树上的牧童拧小狼的腿，这只小狼也连声嚎叫，老狼又闻声赶去，它不停地奔忙于两树之间，终于累得断气身亡。

这只狼之所以累死，原因就在于它计划救回自己的两只小狼崽，一只都不想放弃。事实上，只要它守住其中一棵树，用不了多久就能至少救回一只。

法国哲学家布里丹养了一头小毛驴，每天向附近的农夫买一堆草料来喂。

这天，送草的农夫出于对哲学家的敬仰，额外多送了一堆草料，放在料槽里。这下子，毛驴站在两堆数目、质量和与它的间隔完全相称的干草之间为难坏了。因为它想同时拥有两堆干草，于是它左看看，右瞅瞅，始终也无法决定选择哪一堆好。

于是，这头可怜的的毛驴就这样站在原地，一会儿考虑数目，一会儿考虑质量，一会儿分析颜色，犹犹豫豫，来来回回，在无所适从中饿了一整天。

在我们每一个人的生活中也常常面对着各种问题和诱惑，怎样选择对人生的成败得失关系重大。由于人们都盼望得到最佳的决议，常常在决议之前反复衡量利弊，再三细致斟酌，乃至举棋不定。但是，在多数情况下，时机稍纵即逝，并没有太多的时间让我们去反复思索，反而要求我们当机立断，敏捷决议计划。要是我们优柔寡断、迟疑不决，就会两手空空，一无所得。可见做事切忌优柔寡断，要干脆果决才好。

第五节　克莱门提·史东
——巧用别人的力量成事

克莱门提·史东出生于 1902 年，在世界保险界大名鼎鼎，同时也是美国最有名的大富豪之一，在 20 世纪六七十年代，他拥有个人资产达 4 亿美元之巨。他一生都从事推销，推销保险、推销自己的信念和致富的方法。

智用外力，成为保险推销大王

史东出生于1902年。父亲去世较早，他与母亲两人相依为命，由于家境贫寒，他们生活得非常艰难。为了生活，史东的母亲曾做过许多年的缝纫女工，并用省吃俭用攒下的一点钱向底特律的一家小保险公司投资。这家保险公司是专做健康及意外伤亡保险的。后来，她成了这家公司的保险推销员。由于耳濡目染、言传身教，年幼的史东也就在母亲的影响下，种下了他一生事业的第一颗种子。

史东很小就知道为母亲分忧。上学之余，他利用卖报挣钱。报童之间经常会为争夺地盘而发生争执，他也经常受到比他大的孩子的欺侮，但是他个性刚强，轻易不肯示弱，结果往往都是他占上风。

后来，史东因故退学，到密歇根州各地去为他母亲所在的那家保险公司服务。他的销售成绩很突出，每天能拉到30多位客户，多的时候能拉到40位。

20岁时，史东来到芝加哥，设立了自己的保险代理公司，他给公司起名为"联合保险代理公司"。其实，公司成员只有他一个人。公司开业的第一天就开张大吉，拉到了50多位客户来投保。后来，史东又将业务范围扩展到伊利诺伊州。

随着公司经营范围的不断扩大，客户也日渐增多，史东感到不能再单打独斗了，他决定招兵买马。通过征聘的形式，他从众多的应聘者中选择了几名推销员。那些应聘信有本地的，也有外地的，比如有来自印第安纳州和威斯康星州的求职者。虽然他没有录取这些人，但是他却从中受到了启发。他想，为什么不让这些踊跃应征者在当地为他所代理的保险公司拉生意呢？

他立刻将这一想法付诸实施，在那两个州雇用了一些业务员，帮助公司开展业务。此后，他由点到面、四面扩展，陆续在其他州也征聘推销人员。这样由北到南，从东到西，覆盖面愈来愈大。到 20 世纪 20 年代末期，他手下的保险推销人员已经有上千人了。

再幸运的人也不可能永远顺利。正当史东的保险代理公司蓬勃发展之际，却出现了全国性的经济不景气。许多工商企业纷纷倒闭，这对保险事业无疑是个沉重的打击。这次波折让史东明白了这样一个道理：在经济上升时期，做什么都容易，对手下的推销人员不必操过多的心；可一旦遇上困难时期，面临真正的考验，许多人就难以承受了。

由此可见，提高推销人员的心理素质是非常重要的。他决定向他们大力灌输自己的那一套积极的精神态度，并第一次在公司里开展推销训练运动，果然得到了不小的收获。

做保险或推销工作，单凭一个人的力量是不够的。史东深知这个道理，因此他借助大家的力量获得了成功。

智用他人的金钱为自己投资

到 20 世纪 30 年代末期，史东已经是年轻的百万富翁。

这时，他打算成立独立的保险公司，自己当老板。机会很快降临了，曾经兴旺一时的宾夕法尼亚伤亡保险公司因为受经济不景气的影响，生意萧条停业。拥有这家公司的巴的摩尔商业信用公司愿意以 160 万美元出售，正苦于找不到买主。

史东不愿放弃这个大好机会，但他手头一时拿不出这么多钱。

他找到商业信用公司的老板，对他说："我想买下你的保险公司。"对方说："行。你得拿出160万美元。""我暂时还没有这么多钱，但是我可以借。""向谁借？"史东说："向您借。"向对方借钱，买对方的东西，这听起来似乎有点滑稽。但史东却有他的道理：商业信用公司是向外提供贷款的，只要史东有较好的信誉，他没有理由不贷款给他。最终，买卖成交了。

史东如愿买下的这家保险公司，在他日后的精心经营下，公司迅速发展壮大，业务遍及全美各州，接着又延伸到国外。到1970年，公司的保险总额达到213亿美元，职工5000多人。

克莱门提·史东，这位自中学时代就开始保险推销生涯的商人，在一次又一次智用外力的成功之后，也把自己的名字和创业故事推销给了全世界的人。

通过史东的故事，我们知道，不要拘泥于自身，要学会利用他人的智慧和力量。一个人的精力是有限的，一个人的智慧也不能解决面临的全部问题。在遇到单凭自身力量无法解除的困难时，善于运用智慧的人往往会不拘泥于自身，总是会把目光投向别处，学习并利用他人的智慧和力量来帮助自己。

现如今的青少年也总会碰到一些需要自己独立面对的事情，如果能凭借自己的智慧和力量解决掉问题，当然是最好的。但是在很多情况下，由于自身阅历和经验的局限性，不可能扫除面前的全部障碍。在这个时候，青少年一定要学会借用他人的智慧和力量，想想老师、同学是如何解决问题的。或许，借用他人的智慧和力量会帮你走出困境，取得成功！

第六节　德怀特·艾森豪威尔
——容天下难容之事

德怀特·戴维·艾森豪威尔，美国第 34 任总统，陆军五星上将。在美军历史上，艾森豪威尔曾获得很多个第一，是一个充满戏剧性和传奇色彩的历史人物。美军共授予 10 名五星上将，他晋升"第一快"，出身"第一穷"，美军统率最大战役行动的第一人，担任北大西洋公约组织盟军最高统帅第一人，也是美军退役高级将领担任哥伦比亚大学校长的第一人。他是美国唯一的一个当上总统的五星上将。

用宽容赢得战争

艾森豪威尔是位很有威望的美国总统，他戎马半生、军功卓著，给美国带来了不可磨灭的光明和胜利。现代战争需要各方面的知识和人才，更需要有人从中协调，这样才能使各方面的作用充分发挥，而不互相摩擦、自我消耗。艾森豪威尔在协调各方面的关系上极具才能，这正是他优于在具体战役指挥方面上占强势的巴顿、蒙哥马利的地方。他以镇静、宽容、平等待人的心态和坚定、认真的态度赢得了大众的信任和支持。

艾森豪威尔作为二战中的盟军最高统帅，从来都不意气用事，他的信念就是团结好盟军中的各方，艾森豪威尔调动各方将领作战的积极性，以便最终取得共同击败德国法西斯的胜利。即使面对蒙哥马利这样桀骜不驯的将军，艾森豪威尔也会巧妙地避其锋芒、避免争论，积极采取各种措施，以保护作战积极性的最大利益。

艾森豪威尔对蒙哥马利的宽容和仁慈显示出了他作为统帅的智慧。

蒙哥马利是英国一员虎将，他曾经在北非战场上打败了颇具名气的沙漠之狐——宽隆美尔，当时有"战神"和"第二次世界大战的拿破仑"的荣誉称号。蒙哥马利认为气度非凡的自己应该负有、也能够负有更大的使命，他认为自己才更适合做盟军统帅。于是，他开始向艾森豪威尔表示不满。当时，蒙哥马利也受到了英国许多将军的私下支持。因此，蒙哥马利在作战中经常对艾森豪威尔表现出轻蔑不满的态度。但是对于这件事，艾森豪威尔并没有生气，而是用自己的方法予以应对，缓和，并且丝毫没有影响整体军队的战斗力。他的办法是最简单、也最难做的——宽容对待。

在蒙哥马利蔑视自己并与自己争夺统帅权的问题上，艾森豪威尔做出了人们难以想象的决定：大肚能容，容他人难容之事！

在他看来，联盟作战最重要的就是军队团结，有团结，才会有信心，才能在一条战线上取得战胜德国人的胜利。因此，艾森豪威尔很欣赏并且很努力地保护蒙哥马利的积极性，不让这员虎将的作战积极性受到伤害。比如，在诺曼底登陆作战中，蒙哥马利是地面部队的最高指挥官，按照当时的计划，蒙哥马利是临时最高指挥官。一旦登陆成功之后，蒙哥马利必须把这个指挥权以及地面部队指挥官这个指挥权都交回，并且必须要公示、公开宣布。但是，艾森豪威尔担心因为公布他的指挥权重新交回到盟军最高统帅手中，蒙哥马利的作战积极性会因此受到影响。所以，艾森豪威尔只是暗地里接过指挥权，一直没有公开宣布。

当后来蒙哥马利借着"阿登战役"初期盟军失败伤亡惨重这

件事,再次公开抱怨,正是因为把地面作战的指挥权交回去,才导致这种情况发生。这番言论在盟军中引起很大的反响,很多人都支持艾森豪威尔应该惩罚蒙哥马利。但艾森豪威尔依然选择以宽容处理了此事件。他召开了一次记者招待会,在会上的第一件事就是赞扬了蒙哥马利的作战和他的勇敢,然后很低调地说:"整个作战行动内容太复杂,不是一位战场指挥官能够处理得了的,指挥大权一直是在最高统帅手中,我并没有从蒙哥马利那里收回全部的指挥大权。"

正因为艾森豪威尔的宽容,蒙哥马利的脾气也温顺了很多。后来,蒙哥马利写信给艾森豪威尔,承认了自己的错误,信中写道:"其实我并不是一个温顺的部下,我有自己的想法,喜欢自己做决定。但是您总是在我鲁莽并做出失误的行动的时刻,用您自己独特的方法使我没有发生越轨行动。您的英明、引导和宽厚的容忍,深深地打动和教育着我。我万分地感谢您!"

作为盟军最高统帅,艾森豪威尔用宽宏大量避免盟军卷入争论,以大局为重,赢得人心、团结和信任,最终率领盟军赢得了战争的胜利。同样,在现实生活中,只要我们宽以待人,一定会赢得人际相处的胜利。

宽宏大量方可成大事

宽容的力量很大,小到人际关系的处理,大到战争的胜败、国家的治理,甚至在维护世界的和平中都有极大作用。

一位智者曾云,人的一生必须宽容三次。你必须原谅你自己,因为你不可能完美无缺;你必须原谅你的敌人,因为你的复仇只会殃及自己以及家人,最终浪费生命和感情;而在人生旅途中,第三要宽容的或许是你必须原谅你的朋友。这一点也是最难做到的，因为越是亲密的朋友，伤害你可能就越深。

我们常常是对别人太苛刻了，而对自己太宽容。每个人都在试图证明：我是对的，而你是错的。能装下别人或自己的缺点，才能装下整个世界的风雨。我们宽容了自己，就等同于赐予了自己能装下世界的福分。

现在的青少年都是自己家庭的中心，在这种环境的影响下，很容易养成"自我"、"小心眼"、"嫉妒心强"等不良心理。而这种不良的心理状态在很大程度上会影响青少年健全人格、健全人生观和世界观的形成和发展。因此，青少年要学会以宽容之心待人，善于同其他人和睦相处、相互帮助，以宽阔的胸怀去容忍他人、尊重他人。

第七节　约瑟夫·普利策
——做任何事情都尽最大努力

约瑟夫·普利策，生于匈牙利中产家庭，父亲菲利普·普利策是匈牙利马扎尔犹太族的后裔，母亲是奥地利人。编辑，出版者，美国大众报刊的标志性人物，普利策奖和哥伦比亚大学新闻学院的创办人。他也是世界公认的报业巨子，更是美国新闻界的最高荣誉——普利策奖的创立者。

凡事都需尽力而为

约瑟夫·普利策这样一个拥有超级光环的人物，他成功的背后却有着鲜为人知的坚持和执着，他做任何事情都是尽最大努力。

成大业者总有着不同寻常人的努力，有着不同于同龄人的思考，有着常人所不及的坚持，出生于匈牙利的普利策就是这样的一个人。

少年时代的普利策除了继承了犹太人的聪颖之外，更是养成一种几近于桀骜不驯的勇敢固执的个性，他向往着炮火连天的战场。因此，他 17 岁时便离家出走，但是由于身体瘦弱和眼睛视力问题，不管是匈牙利军方、法国军方，还是英国军方都拒绝了他的战场梦。即使面对这样的困难，普利策也没有放弃。1864 年底，他终于得到命运女神的垂怜，加入美国联邦军在法国招募的兵团，后来成为林肯骑兵团的一名士兵，参加了美国内战。

但是，战争结束也就意味着普利策旧梦的完结。在一个陌生的城市，几乎不会英语的他遇到了语言的尴尬，尽管他的法语和德语很流利。作为退伍军人，他只好靠退伍抚恤金勉强度日。这时，因为他的不甘平庸的意志，他选择了再度前行。他辗转来到圣路易斯，据说为了生活，他干过骡马饲养员、建筑工人、饭店侍者、典狱长等杂活。

令人叹服的是，普利策并没有迷失在这种流浪汉般的生活里。他努力做好每一份工作，并把这当作一个韬光养晦的过程。在这期间，他利用业余时间刻苦地学习英语和法律。他坚信执着和努力总是有回报的，一切只是时间问题。

1868 年底，《西方邮报》招聘一名记者，21 岁的犹太青年普利策被录用了，这成了普利策生活和命运的重要转折。正如他后来所说："我，无名小卒，几乎是流浪汉一个，被选中担任这项工作，这一切都像做梦一般。"从此，他找到了通往自己理想的道路。

当时《西方邮报》在精力充沛的共和党激进分子舒尔茨和主

编普雷托里斯的领导下，成为纽约以西最有影响的德文报纸。普利策进入报社后，全身心地投入新闻工作，每天工作从上午10点到次日凌晨2点，但是他乐此不疲。他的座右铭是："工作、工作、工作，思考、思考、思考。"

起初，他是圣路易斯各报同行的嘲笑对象，人们一看到他那茎状的头、细长的脖子、红色的胡子、尖尖的鼻子、笨拙的眼镜、瘦弱的身躯、结巴的英语、破旧的衣衫和容易冲动的性格就嘲笑他，称他是"丑犹太"。但他并没有气馁，继续全力以赴，凭借他采访新闻的特殊本领，很快赢得了领导的赏识。工作一年后，在1869年12月14日，普利策被推选出席了圣路易斯城第十大街举行的共和党会议。尽管他年仅22岁，离竞选年龄还差3岁，但还是在会上被推选为该党领导的候选人。随后，普利策组织街头会议，发表演说，参加竞选活动，通过一系列的努力后，最后击败了竞争对手，取得了竞选胜利。

自此，个人的执着和努力把普利策的事业推向顶峰。他凭借强烈的求知欲和充沛的精力，全力地投入到新闻工作中。1878年，他通过刻苦学习熟练地掌握了英语，并凭着培养起来的出色新闻业务能力在此后的几年里买下了圣路易斯的《电讯报》，并把它与当地《邮报》整合为《圣路易斯邮讯报》；1883年，他以高价买下了濒临破产的《纽约世界报》。而众所周知的《圣路易斯邮讯报》和《纽约世界报》的成功正说明了努力和执着的个人品质给普利策带来了最美的回报。

做任何事情都尽最大努力，有这种执着的态度，任何事最终都会取得成功的。从劳动中结出的硕果是最甜美的，每个人的成功都必须靠辛勤劳动才能完成。青少年每天所做的事情虽然有限，却也是有意义的事情。世界的进步并不单单靠英雄们有力的臂膀向前推动，还要每个努力工作的人都贡献自己的一份微薄之力。对所从事事业的热爱和激情，来自对成功本身带来的骄傲与满足的渴望。

你真的尽最大努力了吗？

一个小孩子在海边挖沙洞玩，挖着挖着，挖到了一块大石头。他很努力很努力地推，想把石头推走。他推了很久很久，石头还是纹丝不动。这段时间一直有一个大人站在他旁边，看着这一切。最后小孩子放弃了。

这时大人走过去，问："怎么了？"

小孩子说"我尽了最大的努力了，石头还是推不动。"

"你真的尽了最大的努力了吗？"大人问道。

小孩子说："是的，我用了很大的力，也想了很多法子。"

大人说："你还没有尽最大的力呢。因为你没有找我帮忙！尽全力应该是尽力把一切有可能的办法都用上，找别人帮忙也是一个方法。可见你并没有尽全力。"

有时候我们觉得尽最大努力就是尽自己最大的力量，其实求助别人未尝不是一个尽力的方面。一个人的力量是有限的，但一群人的力量是无限的。一味地说着我尽了最大努力了，还是不成功的人，也许并没有尽最大努力。作为当代的青少年，在遇到问题时我们首先要尽自己最大的努力去尝试解决，但如果实在做不到的话也要发挥自己"人脉"的力量，在大家的努力下就会做得更好。

第 3 章

高雅人生：锤炼灵魂的精度

中国人喜欢用诸葛亮的一句话来自我勉励：非淡泊无以明志，非宁静无以致远。如果自己的修养足够深，那么在任何复杂的世界、复杂的时代、复杂的环境里，都可以永远保持最初的心理状态，这是最高的修养，这在中国古代叫作"初心"。不忘初心，才能永远拥有一个高洁的灵魂，光明磊落、心地坦然。

第一节　李叔同
——莲花出于淤泥，清者自清

李叔同，又名李息霜、李岸、李良，谱名文涛，学名广侯，字息霜，别号漱筒，法号弘一，世称弘一大师。祖籍浙江平湖，清光绪六年（1880年）9月20日生于天津河东地藏庵一官宦富商之家，1942年10月13日园寂于泉州。

李叔同是我国新文化运动的前驱，近代史上著名的艺术家、音乐家、书法家、思想家、革新家。作为中国新文化运动的早期启蒙者，他一生在音乐、戏剧、美术、诗词、篆刻、金石、书法、教育、哲学、法学等诸多文化领域中都有较高的造诣，并先后培养了一大批优秀的艺术人才。同时，弘一大师做人也做得完美至极，其风骨、才骨、傲骨都深令时人敬仰。他的大智大慧，值得人们反复地咀嚼。1913年受聘为浙江两级师范学校（后改为浙江省立第一师范学校）音乐、图画教师。1915年起又兼任南京高等师范学校（南京大学前身）音乐、图画教师。南京大学历史上第一首校歌——南京高等师范学校校歌，就是由他谱曲的。

修身，从尊重自己开始

"尊，是尊重。自尊，就是自我尊重。可是人人都喜欢别人尊重自己，而不知自我尊重，不知道要想人家尊重自己，首先必须从自己尊重自己做起。怎样做到尊重自己呢？就是自己时时想着：我是一个伟大的人，要做一个了不起的人。比如我们想做位清净的高僧吧，就拿《高僧传》来读，看他们怎样行，我们也怎样行，所谓'彼既丈夫我亦尔'。又比方我想将来做位大菩萨，那就应当依佛经中所记载的菩萨的行为，尽力去做，这就是自尊。但自尊与骄傲不同：骄傲是妄自尊大，自我为中心，目空一切的错误行为，自尊是自己增进自己的德业，其中并没有丝毫看低他人的意思。"

这是李叔同关于自我尊重所说的一段话，他的意思很明确，那就是说，一个人，应该自己尊重自己，不能看不起自己，妄自菲薄，这样的人才会朝更高远的目标前进，才能创造出属于自己的价值。

如今已是某保险公司股东会成员之一的张倩回忆起她的成功经历时说，她所卖出的数额最大的一张保单不是在她拥有丰富的经验后，也不是在觥筹交错中谈成的，而是在她第一次推销的时候。

光明电子是本市最大的一家合资电子企业，张倩对此有些敬畏，再加上是她的第一次推销，因此她不太敢进去，犹豫很久之后她还是进去了，整个楼层只有外方经理在。

"你找谁？"他的声音很冷淡。

"您好，我是保险公司的业务员，这是我的名片！"张倩双手递上名片，心里有些害怕。在学校和老外没少打交道，可眼前这老外是个洋老板，而且是个年轻的老板，感觉情况不是很妙。

"推销保险？今天已经有好多个了，谢谢你，但是现在我很忙，稍后我考虑一下吧。"老外的发音直直的，没有任何感情色彩。

张倩本来也不指望那天能卖出保险，所以就直接地说了声"Sorry"，然后离开了。如果不是她走到楼梯拐角处下意识地回了一下头，或许她就这么走了，也不会有后来的成功。

张倩回了下头，恰好看见那个老外把自己的名片一撕就扔进了废纸篓里，这使她感到非常气愤。于是她转身回去，用很流利的英语对那个老外说："先生，对不起，如果您不打算现在考虑买保险的话，请问我可不可以要回我的名片？"

老外的顿感惊奇，旋即平静了，耸耸肩问她："Why？"

"没有什么原因，上面印有我的名字和职业，我想要回来。"

"对不起，小姐，你的名片让我不小心洒上墨水了，不能还给你了。"

"如果真的洒上墨水，也请您还给我好吗？"张倩看了眼废纸篓。片刻，他仿佛有了好主意："OK，这样吧。请问你们印一张名片要多少钱？"

"五毛，有什么关系吗？"张倩有些奇怪。

"OK，OK。"他拿出钱夹，在里面找了片刻，抽出一张一元的："小姐，真的很对不起，我没有零钱，这是我赔偿你名片的一元，可以吗？"张倩顿时想夺过那一块钱，撕个稀烂，然后扔进垃圾桶里，告诉他尽管她们是做保险推销的，可也是有人格和自尊的，但是她忍住了。

她礼貌地接过一元钱，然后从包里抽出张名片给了他："先生，很对不起，我也没有五毛的零钱，这张名片算我找给您的钱，请您看清我的职业和我的名字。这不是一个适合扔进废纸篓的职业，也不是一个应该进废纸篓的名字。"

说完这些，张倩头也不回地转身走了。

令人想不到的是，第二天张倩就接到了那个经理的电话，约她去他的公司。

张倩几乎是趾高气扬地去了，打算再次和他理论一番。但是他告诉张倩的是他打算从她这里为全体职工购买保险。

张倩维护自尊的做法最终赢得了外方经理的尊重，她并没有因为看到别人的地位、金钱就不自觉地矮人一截，也没有对侵犯自己人格的举动视而不见，而是让对方明白尊严的真正意义。因为自尊，她赢得了别人的尊重！

自尊是种高尚的人格。巴尔扎克认为，人之为人的内在品质便是人格。自尊是一个人品德、形象、气度的基础，没有自尊，一个人的品德和名誉便会大打折扣。所以，无论身处何时何地，我们都一定要做到自尊自重。作为一种力求完善的动力，自尊自爱是一切伟大事业的源泉。

守我节操，富贵于我如浮云

"子曰：饭疏食，饮水，曲肱而枕之，乐亦在其中矣。不义而富且贵，于我如浮云。"

李叔同非常欣赏这段话，认为这是《论语》中最具文采、最智慧的一段话，并经常用这段话来提醒自己。的确，这段话非常形象地描绘出了孔子的价值观与人生观。孔子说，只要有粗茶淡饭可以充饥，有白开水喝，弯起胳膊来当枕头，靠在上面酣睡一觉，便感到人生的快乐无穷。

人生自有乐趣，并不需要一味依靠物质，更不需要虚伪的荣耀，以及不合理地、非法地、不择手段地得到的富贵，即使做到了也是非常可耻的事。孔子说，这种富贵对他来说毫无意义。看清楚这点，自然不会受物质环境、虚荣的惑乱，便可以建立起自己的精神人格了。

美国曾在 1980 年通过了《新难民法案》，使得居住在纽约水牛城收容所的 500 多名难民成为美国的合法公民。这些人基本是来自贫困国家的偷渡者，希望来美国实现自己的幸福和梦想。新法案颁布 25 周年时，这些该法案的受益者们搞了次集会，说明虽然在成为美国公民之后，生活有了很大的改善，但是离他们想要的幸福还有很大的距离。

一位社会学教授听说此事，便开始了全面的调查。首先他对那批难民的身份进行了一次全面的核实，发现这 500 多人有一些共同点，就是贫穷艰苦的经历和他们对金钱强烈的渴望。这批偷渡者由于对金钱的极度渴望，到美国后，经过二十余年的奋力拼搏，有一半左右的人靠冒险和吃苦达到了美国中产阶级的水平，过上了不缺钱的生活。那么，为什么他们没有找到所谓的梦寐以求的幸福呢？

为了找出真正的原因，教授对他们一一进行调查。下面是他对其中的 3 位所做的调查记录：某水产商，初来美国时，在迈阿密的水产一条街做黄鱼生意，现已由原来的一间店铺发展为连锁店。20 年来，为和竞争对手抗争，他从未好好休息过，也没有外出度假。

某房产开发商，在 12 个市镇拥有房产开发权，因逃税被判 1 年 6 个月监禁，剥夺开发权，罚款 8300 万美元，现从事石材进出口业务。

某中介商，来美国后一直从事海地、多米尼加等国的劳务输出工作，本家族 60% 的人通过他的介绍和帮助，都在美打工或暂住。

教授的调查报告历数了每个人的生活状态，这份报告交到美国国务院之后，迅速被移交到移民部。不久以后，这 500 名难民每人收到一个封面上印着一些内容的小册子，这些内容是：一个穷人成为富人之后，如果不及时修正贫穷时所养成的贪婪和欲望，就别指望能跨入幸福的境界，进而体会幸福的真正含义。

2005 年的某天，美国《加勒比海报》报道，有位来自加勒比海地区的富翁卖掉公司，计划去过简单朴实的生活。第二天，教授收到美国移民局的一封信：这批难民中已有人找到了财富后的真正幸福。

人们经常在"富贵"的诱惑中迷失自我，忘记应坚守的"义"，忘记应牢记的"品"，忘记自己独立的人格，一步步滑向"不义"的陷阱。正如杜甫诗中所写："丹青不知老将至，富贵于我如浮云。"曹霸爱绘画竟不知老将至，看待富贵荣华有如浮云一样淡泊，只有这样才不会在纷繁的世界中迷失自我，才不会在对名利的过分渴求中丢失了幸福。

第二节　钱玄同
——只求清气满乾坤

钱玄同，浙江湖州人，原名夏，字中季，少号德潜，后更为掇献，又号疑古、逸谷，笔名浑然。常效古法将号缀于名字之前，称为疑古玄同。五四运动以前改名玄同。语文改革活动家、文字音韵学家、中国五四新文化运动的倡导者之一、著名思想家、学者。在新文学运动、新文化运动、国语运动、古史辨运动以及音韵学诸多方面都做出了杰出的贡献。

任何人的学术成就都不是孤立取得的，不可能与其人格无关。凡是跟钱玄同先生结交过的人都能感受到，他是一个个性十分鲜明的人。他为人正直，生活俭朴，论学无门户之见，与人交谈时话多而急，庄谐杂出。"打通后壁说话，竖起脊梁做人"就是他的处世原则，从中我们可以窥见一二分国学大师的智慧。

不求名利，只留清气满乾坤

钱玄同先生一生的安身立命之处，还是"大多数人最大幸福之功利主义（黎锦熙语），他作为新文化运动的主将，一直致力于唤起民众，普及教育。"热切地希望广大青年能摆脱封建枷锁，走向文明进步，走向光明，可以说这是钱先生一生活动的主要目标和动力。抗战爆发后，钱先生因病未能南下，但他让南下的朋友给亲友捎去一句话："告诉他们说钱玄同绝不做汉奸就好了！"一副"不要人夸好颜色，只留清气满乾坤"的神志如在眼前。

他是个表里如一、言行谨慎的学者，穷尽毕生精力，不为名利，只为追求真理。他曾借古人的话说道："名也者，相轧也；知也者，争之器也。"

名和利，堪称伤及世人生命的两件凶器。有这样一个故事：

乾隆皇帝下江南时，来到江苏镇江的金山寺，看到山脚下大江东去，浪淘尽，百舸争流，不禁兴致大发，随口问道光和尚："你在这里住了几十年，可知道每天来来往往有多少船？"高僧回答："我只看到两只船，一只争名，一只夺利。"一语道破天机。

人为了求名，往往不择手段，人类自己的知识和技巧，变成了斗争的工具，最终人为名所困。古往今来，许多读书人并非为了真正的学问而发奋苦读，而是为了所谓的金榜题名，这就是争斗心理的开始。

智慧越高、知识越多的人，也许意见越有害。不要看读书人受教育多，其实学问越高、意见越多，有时候事情越难办。

"德荡乎名，知出乎争"，便是"名心"在作祟。"名心"含义极丰，成就、知名、名理、观念均包含在内。

为了求名，不择手段，不但跨越了道德的底线，而且破坏了人生行为的标准。然而人最高的道德境界，是把"名心"抹平。

无论是身外之物，还是分内之物，一切都不过是过眼云烟。正如宋人范成大的那句诗——纵有千年铁门槛，终须一个土馒头——可谓一语道破。只可惜世人大多数都身陷名利场，无法摆脱"名心"的羁绊。也许只有像钱玄同先生那样，受真理的鼓舞，受爱国心的驱使，才能把名利抛在脑后，真正做出一番有益于社会的事业，实现自我价值。

表里如一，做人当秉真性情，钱玄同先生出生于清末一个旧官吏家庭，所受封建礼教甚多。所以，他最痛恨三纲五常等旧礼教，也坚决反对，激烈的言论很多，是一个敢于向旧礼教宣战的先锋大将。

但是，他自己却是一个非常守礼法的人。例如，钱玄同先生反对包办婚姻，主张自由恋爱，但他与由哥哥包办的妻子关系却非常和谐。妻子身体不好，他关怀备至，悉心照顾。有人以他妻子身体不好为由劝他纳妾，但被他严词拒绝。在对待子女的恋爱上，他也曾多次表示做父母的绝不干涉。1937 年 7 月 15 日，他亲自发请柬邀请亲朋好友百余人到中山公园今雨轩，为其长子的自由恋爱举行订婚典礼。他即兴发表了热情洋溢的讲话，称赞自由恋爱是进步的、时尚的，并再次大声呼吁："反对包办式的婚姻！"

钱玄同先生在思想上敢于打破旧礼教的羁绊，而行为上则严于律己，看似矛盾，实则是言行高度的一致，同时也是钱先生真性情的流露。表里如一，能带给人信任和尊重，由于它的存在，人类不断地向前发展，它有种近乎本能的、不可抗拒的吸引力。

美国特殊的节日——诚实节

每年的 5 月 2 日，美国孩子都要举行各种活动，来纪念一个具有特殊意义的节日——诚实节。这个节日源自一个悲惨而又真实的故事。

许多年以前，在美国的威斯康星州蒙特罗市，有一个名叫埃默纽·旦南的孩子。他生下来后，家里接连发生不幸，父母双双离世。就在旦南流落街头的时候，一个年老无子的名叫立顿的酒店老板夫妇收养了他。

转眼间，三年过去了，旦南已经 8 岁了，也更懂事了。他不经意间发现，养父母不是正经人：小酒店卖的酒都是兑了水的，不仅如此，酒店还记花账，多收钱。他的养父母总是寻思着怎样算计、坑骗顾客。旦南看后，很不满意，经常苦劝养父母不要挣昧心钱。立顿不但不听，还顺手给他两巴掌，骂他吃里爬外。久而久之，养父母对旦南越看越不顺眼，经常打骂他。

有一天傍晚，旦南家里来了一个小贩。这个小贩一进门，便和立顿夫妇吵了起来，旦南在一旁细听，好像是为了什么账目问题。当天晚上，小贩留宿在酒店里，立顿的心情貌似很不好，吃饭的时候喝了好多酒，而且很早就把旦南轰到了楼上，还挥舞着拳头警告他，说今天夜里他要敢跑下楼来，就打断他的狗腿。旦南躺在床上很纳闷，心里又惊又怕。

到了后半夜，睡得迷迷糊糊的旦南被一阵激烈的争吵声吵醒了。他迟疑了一下，赶紧从床上下来，把耳朵贴在楼板上，于是他听见养父和小贩正在用肮脏、下流的语言对骂。又过了会儿，只听"啊"的一声惨叫，然后就是一片寂静，悄无声息了。

旦南虽然吓得浑身发抖，但意志还是驱使他穿起衣服，蹑手蹑脚地走下楼来，把脸贴在养父母房间的大门上，顺着门缝向里看去。这一看，把他吓得手脚冰凉。只见那小贩倒在地上，胸口上插着一把刀，刀还在轻轻地颤动。养母站在旁边，搓着两手，不停地嘟哝着："你杀了他，这怎么好？他死了，死了……"旦南顿时觉得头晕目眩，眼前金花乱冒，身子猛然往前一栽，只听"嘭"的一声，一头磕在了门框上。

立顿听到响声后一愣，立即大步跨出来，推开门，抓住旦南的头发，把他拽了进来。立顿眼珠转了转，脸色和缓了下来，他让全然不知所措的旦南坐下，和颜悦色地说："孩子，你都看见了，是这小贩进来行凶，爸爸在自卫中才失手杀了他，对吧？这把刀也是他带来的，对吧？明天警察来了，你就这样说。"

旦南像木头人一样坐在那里，眼睛一直没离开小贩的尸体。过了好半天，他突然扑通一声跪在地上，把头埋在养父的膝盖上，声泪俱下地说："爸爸，你说得不对。我知道，是你杀了人。爸爸，我求你，你快去警察局自首吧。那样，我们家人才都能活下去……"

立顿气得脸都黑了，抬起腿，把旦南踢倒在地上，声嘶力竭地喊道："你这个小杂种，想把爸爸送上法庭吗？快说，是那小贩要行凶……"

"不！"旦南捂着胸口，抬起头，说，"我不能说谎，是你杀了人，你应该去自首……"

立顿听后又打了他一记耳光。养母也扑上来，一边拳打脚踢，一边拿出一根绳子，把旦南捆起来。然后，夫妇俩一起，把他吊到了楼板上。立顿取来一根鞭子，啪的一声抽在旦南身上，逼旦南说谎。旦南的头上豆粒大的汗珠不断地渗出来，但仍然倔强地不说。鞭子雨点般落在旦南身上，养母又取来一根棍子，没头没脑地乱打。鞭子、棍子如雨点般打下来，旦南浑身抽搐着，突然喊了声："不，我不说谎！"头就猛然垂到了胸前，一动不动了。立顿夫妇面面相觑，这才知道又闯下了大祸，也颓然倒在了地上。

天网恢恢，疏而不漏。立顿夫妇虽然在法庭上百般狡辩，还是以谋杀罪被逮捕，受到了应有的惩罚。

事后，蒙特罗市政府为纪念这个宁死也不肯说谎的孩子，为旦南建造了一个纪念碑和一个塑像，并决定把 5 月 2 日他死的那天作为诚实节。那个纪念碑上镌刻着这样的话：怀念为真理而死的人，他在天堂永生。现在，每到这天，纪念碑前就堆满了表示哀悼的白色小花。每一个走过这里的人，都要摘下帽子，向这位无畏的诚实者致敬。老师、家长，也都要给孩子们讲述旦南的故事。

诚信是做人之本，是一种至高无上的美德。人类只有拥有诚信，才能相互信任、相互交流，搭建起友谊的桥梁。在生活中，要不撒谎，说诚实话，做诚实事，答应别人的事必须是自己能够办到的事，并且一定要努力办到、办好。旦南就是这么一个好榜样。

正直与诚实时刻都散发着绚烂的人性之光，言行一致、表里如一就是很好的诠释，它会让人生、让世界充满宁静与幸福。

第三节　张德芬
——遇见未知的自己

张德芬生于台湾，台大企管系毕业，在美国 UCLA 取得 MBA 学位。2002 年开始，辞去国际知名公司高薪工作，专心研修瑜伽以及新时代的各类心灵课程。自1994年开始定居北京，取得了中国国家心理咨询师的执照。著名的身心灵畅销书有《遇见未知的自己》、《遇见心想事成的自己》、《活出全新的自己》和《重遇未知的自己》等作品，大多以故事的方式深入浅出地跟大家分享心灵觉醒的秘密，销售已突破一百万册。同时翻译有德国心灵导师艾克哈特·托尔的作品《新世界：灵性的觉醒》和加拿大知见心理学领袖克里斯多福·孟的《找回你的生命礼物》。

解读心灵，锤炼灵魂

张德芬说："我深信当你把你的内在世界调整得很好的时候，你的外在世界就会自然而然变得很顺利。"张德芬曾当过风光的台视新闻主播，又到美国担任某知名公司营销经理，最终却以忧郁症收场。之后，张德芬搬到北京郊区做了四年的家庭主妇。"四年的村妇生活，所有的外在光芒淡去，内心却感觉在积蓄力量。感觉自己把自己的位置降到最低，没有任何功名利禄的企图心。"2002年，全家搬回北京，自此，她决定全力追求探索内在的心灵世界。

生命的困顿转折，在张德芬看来更是建立内在力量的好时机。"问题和困境不是单纯地来伤害你，在另一个角度来说是来帮助你，帮你成熟，帮你历练，帮你找到真正的你自己，帮你内在成长，变成一个更接近你自己本质的人。大部分的人碰到困境时，都有很多的埋怨、愤恨、压抑和不解，但真正有智慧的人会从中找到成长的契机。"

张德芬说，心想事成是每个人与生俱来的能力。"我一直觉得，我们的人生是我们相信而来的。真心想要一个东西的时候，宇宙都会联合起来帮助你达到你想要的，你坚信你会变成什么样子你就会变成什么样子。"

对于如何获得心灵内在的力量,张德芬说:"先要为发生在你身上的每一个事情都负起全责,负起全责的意思不是说承认错误都是自己造成的,而是在这件事已经发生的基础上,我们能用什么方法去解决,去把事情做得更好。能够做到这样,就会一步步累积内在的力量,成就所要做的事情,变成一个心胸更开阔、更能承担事情、更享受幸福的人。"

张德芬以其深入浅出的笔触描绘、揭示出困扰人们的烦恼的深层原因,被冠为华语世界首席心灵畅销书作家,深受人们喜欢,很多人因为阅读张德芬的书有了乐观的生活态度。

几年来,她研究了各种不同的心灵成长过程以及心理治疗方法,并且博览中英文有关著作,通过时时刻刻活在当下以及观察自己的修炼,得到了许多个人成长方面的心得体会,并取得了中国国家心理咨询师的执照。

2007 年 6 月,张德芬在台湾出版了第一本有关心灵成长的小说《遇见未知的自己》,名列台湾各大书店畅销排行榜,读者反应热烈。因此张德芬成了最畅销的作家之一。

2010 年 8 月创办内在空间网站,她的创办初衷是想把自己多年来积累的心灵成长经验整合起来分享给更多的人。

2013 年 9 月出版新作品《舍得让你爱的人受苦》,继《遇见未知的自己》后进一步引领大家探讨人生中更深刻的成长课题——与他人的关系。

不重名利,心境坦然

张德芬被誉为华语世界首席心灵畅销书作家。她的作品曾帮助过郝蕾、杨幂等众多明星,更影响了数千万读者。在这个发展越来越快,压力越来越大的社会里,50 岁的她践行着自己的人生理论。

　　对于书里提及的管理情绪、认识世界的方法是否有用的问题，张德芬说：只有当你勇于面对真实的自己时才会有用。但是比如说现在你并没有准备好，或者说你没有这个需求，即使你知道心灵修炼有多好，而且你一定要走这条路，试着去做好，可能书里面的方法你全用过了也不会有太大的作用。不过当到了合适的时间，合适的年龄，或者刚好你的生活情景，你周围的人事变化逼得你不得不去想一想"我到底是谁？""我来这世界上干什么？""我到底要怎么做？""为什么我得不到我想要的东西？"当你有这种思考，还愿意去学习、去努力一下，从不同的角度来看待这个世界，然后用不同的方式来体验自己的人生，如果有这种态度，你去走心灵的路线，去修炼自己的内心，按书里面的方法来做，你的收获会非常之多，而且你会觉得每天都过得异常充实，一天比一天快乐和满足。所以关键是看你有没有准备好，当你准备好了的时候，一本书也许就可以软化你，一句话就可以拯救你，一个词语就可以让你明白所谓的暂时的失落和迷茫。

　　有人曾问她，"您被誉为'华语世界首席身心灵作家'，如何看待这个称呼？"

　　张德芬说："'华语世界首席'的头衔很沉重，我并不喜欢。首席畅销倒是真的，也不过就是书卖得好嘛，人不需要加这样的头衔，呵呵。关于身心灵，我曾经拿房子来比喻过：我们的身体就像是一间房屋的框架，心（我们的情绪思想）就是房间内的装修和家具，灵才是最重要的，它是让一切得以存在的那个空间。没有空间，我们无法在房屋里面走动、生活，如果我们内在没有空间，忽视了我们的灵性，那我们就不是完整的，精神上会有所欠缺。"

　　大家也许会问，像张德芬这样睿智、豁达的人，生活中是不是就没有困惑了呢？

张德芬自己说：人的无意识层面是非常广泛的，内在的创伤有的被埋得很深，连那些心灵大师们都不一定处理得好他们的某方面的心理创伤，更何况我这样一个普通的人呢？虽然现在，我对自己当下说的话、做的事有越来越清晰的觉察，但是，还有更深的东西是我所不知道的。所以，我还是在疗愈自己的阶段，我还没有真正达到我自己书里讲的那种随时随地感觉到欢喜、自在的阶段。我现在可以说是一个能够放得下的过程吧，但是这个"放得下"你也不能变成去追逐放下，那又是"小我"的一种行为。

由此可以看出，张德芬是一个淡泊名利、心境坦然、心胸豁达的人。即便我们的人生和我们自身存在很多的疑问和奥秘，但经过她的分析，我们的事业将能更开阔，心情也更明朗，世界观更明确。

第四节　陶行知
——有德行的人最有力量

陶行知，原名文浚，后改知行，又改行知。汉族，安徽歙县人，毕业于金陵大学文学系，后留学美国，曾师从实用主义教育家杜威。中国人民教育家、思想家，伟大的民主主义战士，爱国者，中国人民救国会和中国民主同盟的主要领导人之一。曾任南京高等师范学校教务主任，中华教育改进社总干事。先后创办晓庄学校、生活教育社、山海工学团、育才学校和社会大学。提出了"生活即教育"、"社会即学校"、"教学做合一"三大主张，生活教育理论是陶行知教育思想的理论核心。有《中国教育改造》、《古庙敲钟录》、《斋夫自由谈》、《行知书信》等著作。

德行比才能更有力量

子曰："已矣乎！吾未见好德如好色者也。"意思就是，孔子说："完了完了！我从来没有见过像好色那样好德的人。"在《卫灵公第十五》中孔子写道。同样的一句话在《论语》里面出现两遍，从中可见孔子对道德的崇尚至极绝非偶然。陶行知也说："因为道德是做人的根本。根本一坏，纵然使你有一些学问和本领，也盖无用处。"

德与才一直是考察人才时必须考虑的两个方面，二者孰轻孰重，下面这个故事会提供一个值得深思的结论。

有位老锁匠一生修锁无数，技艺高超，收费合理，深受人们敬重和爱戴。老锁匠渐渐老了，决定为自己物色一个接班人，最后他挑中了两个年轻人，但是他决定将一身技艺只传给他们其中的一个。因为只有一个人能得到真传，两个人技艺高下又很难区分，于是老锁匠决定对他们进行一次考核。

老锁匠分别在两个房间里准备了两个保险柜，让两个徒弟去打开，谁花的时间短谁就是胜者。结果大徒弟只用了不到二十分钟就打开了保险柜，而二徒弟却比大徒弟多用了十分钟，众人都以为大徒弟必胜无疑。

老锁匠问大徒弟："保险柜里有什么？"大徒弟眼中顿闪光芒："师傅，里面有很多钱，全是百元大钞。"老锁匠又问二徒弟同样的问题，二徒弟支吾了半天说："师傅，我没看见里面有什么，您只让我打开锁，我就打开了锁。"

老锁匠十分高兴，郑重宣布二徒弟为他的正式接班人。大徒弟不服，众人也不解，都来询问老锁匠。他微微一笑说："不管干什么行业都要讲一个'信'字，尤其是我们这一行，职业道德是至关重要的。要成为一个高超的锁匠，必须做到心中只有锁而无其他，对钱财视而不见。否则，心有私念，稍有贪心，登门入室或打开保险柜取钱易如反掌，最终只能害人害己。我们修锁的人，每个人心上都要有一把不能打开的锁，二徒弟做到了这一点。"

老锁匠的话确实耐人寻味，他把道德作为权衡徒弟的最终标准，所以二徒弟虽比大徒弟才能差，但最终因为品德而被师傅选为接班人，更能胜任修锁这一行业。可见德才兼备的人是值得珍惜的，但当两者失衡时，品德就要重于才能了。

的确，一个人如果没有德行，无论他有多渊博的知识，多强的技能，多高的水平，都不能称得上是一个完美的人。一件小事透露的是一个人的整体素养和道德水平，因此无数的人生小事便组成了一个人的形象，道德和素养是关乎一个人形象的重要指标。中国传统文化强调"人"与"事"联系的必然性，认为"什么样的人就会做出什么样的事"。

修身就是要使人品正直，正则"品"端，直则"人"立，人们不管是择友、考察干部、招聘员工、娶妻嫁夫、选合作伙伴还是帮助他人都要看人品。试想一个人品不正的人，谁会想帮助他？即使他求人办事，也不会有人愿意伸出援助之手。

所以，"德"是我们人生中一笔重大的财富，自己最可靠的支柱便是道德修养，这是所有智者都明白并且能做到的事。因此，从现在开始，你要把好德之心放在第一位，如好色之心一般自然显现出来，以此立身、正身。

学会反省，每天要四问

陶行知是一个善于反省自己的人，他每天都要问自己四个问题："一问我的身体有没有进步？二问我的学问有没有进步？三问我的工作有没有进步？四问我的道德有没有进步？"

我国春秋战国时期著名的学者曾子说："我每天自我反省三次：为别人办事是不是尽心了？和朋友交往是不是做到真诚了？老师传授的学业是不是复习了？"这就是"吾日三省吾身"这个典故的来源。一个善于自省的人在他与人交往的时候，如果出现了矛盾，绝对不会从别人身上找问题，而往往是先从自己身上找原因。

胡适先生就此曾经说过："历史的反省使我们明了今日的失败都是因为过去的不努力，使我们明了'种瓜得瓜，种豆得豆'的因果铁律，使我们明了铲除过去的罪孽只是割断以往种下的果。我们要收新果，必须努力造新因。"这就告诉我们，面对失败光有反省是不够的，我们要通过反省之后，在自己的心中真正产生羞愧、耻辱的感觉，找出真正的原因，下大决心铲除自己以前不努力的恶习等其他缺点，我们才能够"造新因，收新果"。

只有善于进行自我反省，发现自己的缺点和不足，以及明白人家的长处和优点，在内心产生"真诚的愧耻"，从而及时更正自己的错误，不断地要求自己进步，能够多学习别人的优点，才是真正的反省。反省不能依靠别人，只能依靠自己。

1958年，弗兰克·康纳利在自家杂货店对面经营了一家比萨饼屋，他大学学费都是由此而来。19年后，康纳利卖掉总价值3亿美元的3100家连锁店，他的连锁店就是众所周知的必胜客。

作为一个著名的创业者和企业家，康纳利给其他创业者的忠告很奇怪："你必须学会反省失败。"他的解释是这样的："我做过的行业不下 50 种，而这中间大约有 15 种做得还算不错，那表示我大约有 30% 的成功率，而 70% 是算不上成功的。这时候你总是要出击，从失败中分析原因，深刻反省，你根本不能确定你什么时候会成功，所以你必须先学会反省自己为什么会失败，才能从根本上学习到下次成功你需要做什么。"

康纳利说必胜客的成功归因于他从错误中分析学得的经验。在俄克拉荷马的分店失败之后，他意识到了地点和店面装潢的重要性；在纽约的分店失败之后，他又认识到了比萨饼的做法的利益所在，于是另一种硬度的比萨饼产生了；当地风味的比萨饼在市场出现后，他又向大众介绍芝加哥风味的比萨饼。

康纳利善于反省他的无数次失败，并能总结失败的教训。正是因为他善于反省，善于总结失败的教训，我们才能在现在的必胜客连锁店里享受美味的比萨。

从"必胜客"的成功我们可以看到自省的强大力量。如果你善于自我反省，在自己的心中引发"真诚的愧耻"，才能总结失败教训和经验，把它们化作成功的垫脚石。一个善于自省的人能够不断地总结自己的行为，学习别人的优点，从而在自己的失败中更好地学习和成长。

第五节 曾国藩
——以己度人不如自立立人

曾国藩,初名子城,字伯涵,号涤生,谥文正,汉族,出生于湖南长沙府湘乡县杨树坪(现属湖南省娄底市双峰县荷叶镇)。晚清重臣,湘军之父,湘军的创立者和统帅。清朝战略家、理学家、政治家、书法家、文学家,晚清散文"湘乡派"创立人。晚清"中兴四大名臣"之一,官至两江总督、直隶总督、武英殿大学士,封一等毅勇侯,谥曰文正。毛泽东曾说:"予于近人,独服曾文正。"表达出对这位已故乡人的推崇之情。他的人生,他的智慧,他的思想,深深地影响了几代中国人。有的评论者说:如果以人物断代的话,曾国藩是中国古代历史上的最后一人,近代历史上的第一人。

先存诸己而后存诸人

曾国藩在同辈士大夫中"属中等",颇为钝拙,但他志向远大、执着正义、意志超强、勤学好问,非常人所能及。他从少年起,就"困知勉行,立志自拨于流俗",天天写日记反省自己,一生中没有一天不监督自己,教训自己。他对待上级、对待下级以及对待同事谦恕自抑,豁达大度,一生交的朋友很多,十分受人尊重;他守着"拙诚"、勤奋苦干,不论遭受多大打击都不泄气,而是再接再厉,努力坚持到底。这就是他成功的根本秘诀。

一位安葬于威斯敏斯特教堂的英国国教主教的墓志铭上写着:"我年少时,意气风发、踌躇满志,当时曾梦想要改变世界,但当我年事渐长,阅历增多,却发觉自己根本无力改变世界,于是我缩小了范围,决定先改变自己的国家,但日久发现这个目标还是太大了。接着我步入了中年,无奈之余,我又试图将改变的对象锁定在最亲密的家人身上,但并没有如愿,他们个个还是维持原样。当我垂垂老矣,我终于顿悟了一些事:我应该先改变自己,用以身作则的方式影响家人。若我能先当家人的榜样,也许下一步就能改善我的国家,再后来我甚至可能影响整个世界,谁知道呢?"

自己还不会爬,就想去辅助别人站起来,是许多人的通病。要想改变周围的环境,首先要认清自己,让自己成为无论道德还是才能还是气度上的正人君子。人之初,性本善,性相近,习相远。人总难免受到外界环境的影响,有来自家庭的,有来自工作的,有来自生活的,但无论环境如何变化,内心的坚定总是最重要的。

法王路易十六被赶下王位,关在牢中,而赶国王下台的那帮人带走了年轻的王子。他们想,王子是王位的继承人,要想他永远也无法实现生活赋予他的伟大使命,若能在道德上把他摧垮,应该便可以了。他们把王子带到遥远的社区,让男孩接触各种道德败坏的事物:提供让他沦为饕餮之徒的各种美味的机会;让他成天耳濡目染各类粗鄙之言;让淫荡猥亵的女人和卑微无耻的小人不停地围绕在其身边。就这样,一天 24 小时让小王子处于这种恶劣的环境之中,让其灵魂受到迫害和诱惑而堕落,接连 6 个月都如此。

但是,男孩没有一刻屈从于这些压力与环境。在这种种诱惑之后,敌人最后问他,为什么他能禁得住这些诱惑,而没有沉沦于邪恶的地狱？男孩答道："我无法这么做，因为我生来就是做国王的。"

质本洁来还洁去，强于污淖陷渠沟。只要内心坚定，有一个光明正大的信念，即便处于黑暗之中，也能照亮自我。小王子百折不挠的精神让人想起宋朝哲学家周敦颐的一段话："予独爱莲之出淤泥而不染，濯清涟而不妖，中通外直，不蔓不枝，香远益清，亭亭净植，可远观而不可亵玩焉。"只要设定了自己所追求的人生，正己而立，便是一株傲然独立的盛放之莲，即便周身全是淤泥和秽物，也一样能将其隔离身外，保持宁静洁明的心。

如果我们想为人生的画卷描绘美丽的图案，学会在大小事上进行自我控制是很有必要的。成功的钥匙才有可能掌握在自己的手中，你必须学会容忍，感情应当经常服从理性判断，并时刻把真善美的东西不断喂进心灵，这样心才会成长、成熟起来。

永远保持一颗初心

《庄子》中有一句话说："是以十九年而刀刃若新发于硎。"就是说我们做人做事，要永远保持着最初的那个心情。譬如年轻人刚出学校，是满怀希望和抱负的。但是入世久了，受了太多的挫折，经历了无数的艰难困苦，或者心被周边环境污染了，变坏了；或者本来很爽直的，变得胆怯无力了；或者本来很坦白的，变成很歪曲的心理；或者本来有抱负的，最后变得很消极了。因而我们自己要有独立的人格，独立的修养。

如果自己的修养足够深，那么在任何复杂的世界、复杂的时代、复杂的环境里头，"恢恢乎其于游刃必有余地矣"，都可以永远保持最初的心理状态，这是最高的修养，这在中国古代叫作"初心"。人如果能够永远保持"初心"，便能不受外界环境影响，不受外界环境污染，永远保持光明磊落、心地坦然。

著名作家沈从文可谓是一个没有学历但有学问的学者。他怀着梦想刚来到北京闯荡时，一边在北大做旁听生，一边阅读大量书籍，并与诸多大师结识，不断成长。后来，他带着一身泥土气闯入十里洋场的上海，不久之后，便以一手飘逸自如的散文而震惊文坛。

1928 年，时年 26 岁的沈从文被当时任中国公学校长的胡适聘为该校讲师。在此之前，沈从文以行云流水的文笔写情感诗，表现很真实，赢得了一大批读者的喜爱，在文坛享有很高的声望。但他给大学生讲课却是头一回。

为了讲好第一堂课，他进行了充分的准备，精心编定了讲义。尽管如此，第一天走上讲台，看见台下黑压压地坐满了学生，他心里仍不免发虚，整整待了 10 分钟，竟一句话也说不出。后来开始讲课了，由于心情紧张，事先设计在中间插讲的内容全都忘得一干二净，最终他以低着头念讲稿的方式上完了第一堂课，原先精心准备的一堂课，十分钟就讲完了。接下来的几十分钟怎么打发？他心慌意乱，冷汗顺着脊背直淌。他以前可从来没有经历过这样的尴尬场面。后来，沈从文没有天南地北地瞎扯来硬撑"面子"，而是老老实实拿起粉笔在黑板上写道："今天是我第一次上课，人很多，我害怕了！"于是，这老实可爱的坦言"害怕"，引起一阵善意的笑声……

胡适深知沈从文的学识、聪慧和为人，在听说这次讲课的经过后，不仅没有批评，反而不失幽默地说："沈从文的第一次上课成功了！"后来，一位当时听过这堂课的学生在文章中写道："沈先生的坦率赤诚令人佩服，这是我有生以来听过的最有意义、最真诚的一堂课。"

此后，沈从文曾先后在西南联大师范学院和北大任教。正因为不是"科班"出身，他不墨守成规，取而代之的是别开生面的言传身教，获得了很大的成功。而他那"成功"的第一课，则在学生之中不断流传，成为他率直人生的典型写照。

由此我们可以看出，用一颗初心去面对世界，不做作，不逃避，能老实真诚地袒露自己的真实想法，必然会得到别人的谅解。正如南怀瑾先生所说，人之所以苍老是由于受一切外界环境和自己情绪变化的影响，而保持着自己的"初心"，保持一颗质朴的童心，可以让生命永葆健康，让生命永葆青春，让生命永葆活力。

童心是这个世界没有一点功利色彩的原始本色。就像花儿的绽放，树枝的摇曳，风儿的低鸣，蟋蟀的轻唱，它们听凭内心的召唤，没有特别的理由，是本性使然。我们都应该从心底渴望回归，回归生活的原始本色。拥抱最真实的赤子胸怀，接触最天真的纯洁性情，在质朴中处世，在质朴中做人，时刻保留一份孩子般的天真和无邪吧，保持心灵的纯净与天然！你会发现：人生原来是这么简单。

第六节　雪窦禅师
——人到无求品自高

"雪窦禅师"是唐宋时的一位高僧名号，因挂单"雪窦寺"而得名，他和当时一位叫曾会的著名学士相交甚笃。苏轼的《再和并答杨次公》曰："高怀却有云门兴，好句争传雪窦风。"王十朋集注："次公曰'雪窦禅师，有集行于世。'尧卿曰：'师讳重显，字隐之，遂州李氏子。

后出家，受供，学经论业于乡里。晚参随州智门祚和尚，遍游丛林，迁四明之雪窦。由是云门之道，复振于江浙。'"唐时雪窦禅师居之，鸟窠衣褶，寂然不动。——摘自明张岱所著《夜航船》。

淡泊以明志，宁静以致远

中国人喜欢用诸葛亮的一句话来自我勉励：非淡泊无以明志，非宁静无以致远。只是时代的浮躁氛围难免让我们躁动不安。孔子在《论语》里面也提到，一个真正强大的人是"没有欲望"的，没有"欲望"，所以才不会患得患失，才会更坚强坦然，这就是"无欲则刚"的意思。雪窦禅师就是这样一个典型的淡泊名利的人。

雪窦禅师喜欢云游四方访学，这天，禅师在淮水旁遇到了曾会学士。曾会问道："禅师，您要到哪里去？"雪窦回答说："不一定，也许去往钱塘，也许会到天台那里去看看。"曾会建议道："灵隐寺的住持珊禅师和我交情甚笃，我给您写封介绍信，您带去交给他，他一定会好好招待您的。"于是雪窦禅师来到了灵隐寺，但他并没有把曾会的介绍信拿出来，而是作为普通僧众在其之中过了三年。

三年后，曾会奉令出使浙江，便到灵隐寺去找雪窦禅师，但寺僧告诉他说并不知道这个人。曾会不信，便自己到云水僧所住的僧房内，在一千多位僧众中找来找去，终于找到了雪窦禅师。曾会不解地问："为什么您不去见住持而隐藏在这里呢？是把我为您写的介绍信丢了？"雪窦禅师微笑着回答道："不敢不敢。我只是一个云水僧，一无所有，所以我不会做您的邮差的！"说完拿出介绍信，原封不动地交给曾会，两人相视而笑。曾会随即将雪窦引荐给住持珊禅师，珊禅师甚惜其才。后来，苏州翠峰寺缺住持，珊禅师就推荐雪窦去任职。在那里，雪窦终成一代名僧。

是的，一个人做到无欲的时候，就是放弃了心中的杂念，清空了心灵里面积存下来的枯枝败叶。清空了心灵，才能最大限度地获得生命的自由和独立；清空了心灵，才能收获未来的光荣与辉煌。超出了欲望的需求而追求品德的完善，这正是人格的伟大之处。

《赵州禅师语录》中有这样一则：问："白云自在时如何？"师云："争似春风处处闲！"看，那天边的白云什么时候才能逍遥自在呢？就在它像那轻柔的春风一样，内心充满闲适、本性处于安静的状态，放下了世间的一切，没有任何的非分追求和物质欲望，就能逍遥自在了。

能够放下世间的一切假象，不为虚妄所动，不为功名利禄所蛊惑，一个人才能体会到自己的真正本性，看清本来的自己。无数的实例证明，凡追求人格高尚者都信仰"人到无求品自高"。因此，能够遵循人格的要求，有所为，有所不为，才能够"不降其志，不辱其身"。

存厚朴之性，行真诚之事

清文学家纪晓岚的老师陈伯崖曾撰的一副联书是"事能知足心常泰，人到无求品自高"。这里所说的"无求"，是告诫人们要舍弃满脑子的功利与浮躁，不为外物所羁绊，不为浮云遮住双眼，从而获得一种超脱物外的自由与宁静。这里的"无求"，不是人生的不思进取和漫不经心，也不是心灰意冷和垂头丧气，更不是一筹莫展的消极态度和庸人哲学。而是告诫人们要摆脱功名利禄的羁绊和困扰，不必强求，有所不求才能有所追求。"求"，是人生品格的体现，但是为事在人，淡泊的人生虽然没有声势巨大的扬名内外，也没有取得显赫的地位，可它却是人生难及又渴望的崇高境界。

现在很多人都提倡"真"、"善"、"美"，而"真"是为人的第一步。如果一个人待人虚伪、不真诚，他终将给人留下不好的印象，别人也不会以真待他。只有待人真诚，才能留给他人坦坦荡荡的印象，才能成就一番事业。

1950 年，李嘉诚凑了 5 万元港币，开办"长江塑胶厂"，主要生产玩具和生活用品。创业初期，条件非常艰苦，但是因为李嘉诚一直把诚实作为自己的人生准则："只有你以诚待人，别人才会以诚相报。"所以李嘉诚的员工很少有人跳槽。

后来，精明的李嘉诚看准了塑胶花市场的巨大潜力，就集中所有的人力、物力、财力，全部投入到塑胶花的生产中。当时，有位外商觉得李嘉诚经营有方，生产的产品价廉物美，就找到李嘉诚，希望可以大量订货。但是，这位外商提出，长江实业有限公司必须寻找有实力的厂家作担保，作为供货的保障。

李嘉诚为这笔大生意欣喜不已。可是找谁做担保呢？李嘉诚跑了好几天，都没有找到合适的厂家，最后只好如实相告："先生，我非常想长期和您合作，但是很遗憾，我实在无法找到厂家为我担保。如果您因此而重新做出决定，我将尊重您的决定。"那位外商沉默了一会儿，说："这段时间来可以看得出你是一位诚实的人。我想，相互间的诚实才是互相合作的基础。我已经决定了，不用找担保人我们就可以签合同了。"

李嘉诚听了十分高兴，但是另一个问题是资金有限，一下子完不成那么多的订单，李嘉诚不得不把这一实情告诉外商。李嘉诚以为自己说出了实话之后，对方就会取消和自己的合作。可事情并非想象那样，那位外商听了李嘉诚的话后，不但没有取消订单的意思，反而非常开心地说："李先生，现在我更能肯定你是一位值得信赖的人了。我愿意提前付款,为你解决资金难题!"

就这样,李嘉诚非常顺利地签下了合同,赚到了一笔巨额的钱。

从这件事中李嘉诚领悟到,只有"信誉第一,以诚待人"这八个字,才是今后经营中应当遵守的金科玉律。李嘉诚的成功归功于他的诚恳,他的做法体现了季羡林先生说的"唯有真情相待,方能坦诚相见"。

一个人做错了事情并不可怕,只要能够坦诚,你就仍然可以得到别人的真诚相待。如果你发现自己的朋友不能真诚地对待自己,那就请你好好地想一想自己是不是曾经真诚地对待过他们。要知道,只有我们以真诚之心对待他人,减少对他人的求全责备,我们才能得到更多人的接纳和认可,才能更好地修炼自己的品行,以期达到高雅的境界。

第 4 章

方圆人生: 人情练达的精髓

　　方为做人之本, 圆为处世之道。方圆结合, 才能做到游刃有余。外圆内方的处世艺术, 是一种为人的智慧, 外圆内方之人, 有宽容的心胸, 有难得糊涂的智慧。他们懂得如何慎重择友, 明白如何避免冲突, 知道如何鼓励和欣赏他人, 如此人情练达, 也是一门可取的处世哲学。

第一节　梁漱溟
——冲突来源于自以为是

梁漱溟，原名焕鼎，字寿铭、萧名、漱溟，后以其字行世。原籍广西桂林，生于北京，是我国现代著名的思想家、哲学家、教育家、社会活动家、爱国民主人士、著名学者。主要研究人生问题和社会问题，是现代新儒家的早期代表人物之一，有"中国最后一位儒家"之称。

在中国近现代史上，梁漱溟先生是一位特立独行的人物。他是唯一一个敢和毛主席拍桌子唱反调的读书人，他也是第一个公开反对"文革"的读书人，他还是第一个提倡"乡村教育思想"并付诸实践的读书人。青年时代他一度崇信康有为、梁启超的改良主义思想。辛亥革命时期，参加同盟会京津支部，曾热衷于社会主义，著《社会主义粹言》，宣传废除私有财产制。他自称是一个有思想，且本着思想而行动的人。他的新儒学思想惠泽了无数人。他的"三军可夺帅，匹夫不可夺志"的浩然正气、"无我为大、有本无穷"的博大智慧，更让他成为我们人生智慧的导师。

冲突来自自以为是

在美国，竖起大拇指是用来表示支持和赞扬，向对方表示"做得好"或者"棒极了"。然而，在澳大利亚，如果大拇指上下摆动，是对别人的蔑视。北美人用竖起的大拇指表示要求搭便车，但在尼日利亚等地，这个手势却被认为非常粗鲁。

每个国家都有自己的一套语言，如果在交往当中，都想当然地按照自己所理解的方式去做，那么结果就会造成很多不必要的误解。原本谁都没有错，但结果却是对谁都没有好处。不仅国家间如此，我们每个人也都是按照自己认为对的方式去行动的。橘生淮南则为橘，生于淮北则为枳。同样的行为在不同的人那里会产生不同的味道，如果大家都以为自己正确，擅自行动，到头来得到的可能不是令人期待的结果。

梁漱溟先生就说："人与人之间之所以会起冲突，往往是因为双方都自以为是，自己自信太多，又以鄙薄的态度去看对方，因此我不容你，你不容我。"

自以为是的人看着是自信太高，实则是眼界太窄、阅历太浅。布鲁诺信奉哥白尼学说，说地球不过是宇宙中的一粒小小尘埃，否定地心说。天主教会不仅指控他为异教徒，并且革除了他的教籍，还建议当局将布鲁诺活活烧死。布鲁诺听完宣判后，对这伙凶狠的刽子手轻蔑地说："你们宣读判决时的恐惧心理，比我走向火堆还要大得多。"公元 1600 年2 月 17 日，布鲁诺在罗马的百花广场英勇就义。

用梁漱溟的话来说，这就是"最不能商量的态度"，不仅不能商量，天主教会反而用自己其他方面的权势，通过消灭布鲁诺的生命来维护自己的学说。他们不敢正视不同于自己的想法，他们施加在布鲁诺身上的处罚正是他们软弱无能的表现。

现在，人们都已经知道地球不是宇宙的中心，太阳也不是。人对宇宙的探索本就是一个循序渐进的过程，有否定才有进步。但是不同学说之间的争端，却最终以这种极端的方式终结，这正是人类的悲哀之处。

真正商量的态度至少应该做到像伏尔泰所说的那样："我不同意你说的每一个字，但我誓死捍卫你说话的权利。"

两个学生在一件事情上争执不下，相互说对方是诡辩，最后反而对什么是诡辩都搞不清楚了，于是就去向老师请教。这位老师听了问题之后，并没有直接回答。他略作思考，然后提出了一个问题："有两个人到我这里来做客，一个人很干净，另一个人很脏。我请这两个人去洗澡。你们觉得，这两个人中谁会去洗呢？"

两个学生都脱口而出："当然是那个脏的人了。"

"不对，"老师反驳说，"是那个干净人。因为他养成了洗澡的习惯，脏人认为没什么好洗的。现在，你们再想想看，是谁洗了澡呢？"

学生改口说："干净人。"

老师又否认道："不对，是脏人，因为他需要洗澡；而干净人身上是干净的，不需要洗澡。"他再次问道："这么看来，我的客人中谁洗了澡呢？"

"脏人！"

"又错了，当然是两个人都洗了。干净人有洗澡的习惯，而脏人需要洗澡。怎么样？他们两人到底谁洗澡了呢？"

学生迟疑地回答说："那看来就是两人都洗了。"

"不对，两人谁都没洗。"老师又笑说，"因为脏人没有洗澡的习惯，干净人则不需要洗澡。"

两个学生非常不满地说："老师，您每次讲的都有道理，可却又都不一样，我们该怎么解释呢？"

"没错，你们瞧，这就是诡辩。"

这位老师通过一个故事向学生传达了一个道理：看似矛盾的见解却有可能都是正确的。就像埃米尔·路德维希的小说《青白尼罗河》一样，可以水中分，二色并流。不要轻易地否定自己的见解，但是也应该多听听对方的意见，看看是否有合理之处，然后再做出决定。

按照梁漱溟先生的说法，探讨的时候，至少要在彼此的人格上互相尊重，互相谅解，在此基础上去探讨其他的问题。如果连这个共识都不能达成，针锋相对地去纠缠一些根本没办法解决的问题，就会像寒暖流交汇一样，迸发出巨大的能量，从而冲击或伤害到双方。

有人爱环肥，有人喜燕瘦，萝卜青菜各有所爱，这本无可厚非，但是如果非要把自己的标准强加在别人身上，一定会失望的。毕竟，这个世界上并不只有黑与白两种颜色，你所代表的也未必是正义的、坦白的一方，所以不如宽容地去看待相反的意见。

先把自己的心空起来

有个弟子问师父："怎么样才能在已经装满的瓶子里再装入更多的水？"

师父回答说："倒掉。"

月亏后才能盈，水满后才能溢。如果想要纳风入怀，就要先凿空自己。如果时时觉得唯有自己才是对的，就像这瓶水实际上并没有满，却被你盖上了盖子，无法再装入更多的水，就没办法充实自己。而人与人之间的交流，也是一个流动的过程，不断有新的水注入，也不断有陈水流出，如果封闭了，那还怎么流通呢？

梁漱溟先生认为，只有把自己的心先空起来，打破陈见，去除隔膜，彼此之间才可能相互了解，得到共识，而不至于自说自话。

一次，为了招待印度当地居民的首领，英国王室在伦敦举行晚宴，盛情款待了他们，晚宴由当时还是王子的温莎公爵主持。

宴会上，觥筹交错，欢声笑语，气氛很是融洽，宾主之间聊得很快乐。在宴会结束时，侍者为在座的每个人都端来了洗手盆。由于洗手盆是用精巧的银制器皿做的，印度客人们便以为是饭后喝的水，就端起来一饮而尽。一旁作陪的英国贵族一时反应不过来，面面相觑，不知所措，最后纷纷把目光投向了温莎公爵。

温莎公爵自然也看到了这一幕，但他不动声色地继续与客人谈笑风生，接着神态自若地端起自己面前的洗手水，像客人那样自然地一饮而尽。接着，大家也都跟随着把水喝了，本来要造成的尴尬顷刻间消失无踪，宴会取得了预期的成功，英国在印度的形象和利益也得到了进一步的保证。

温莎公爵为了表示对对方的尊重，不至于让洽谈落入窘境，放下了原有本国的礼仪，而遵从了对方的无心之举。这一放一收，正是他王者风范的体现，也使沟通得以顺利进行。梁漱溟先生说，双方在交往中，"应在心术上有所承认，在人格上有所承认，只是彼此所见尚需商量，然后才可取得对方之益，达到利益最大化的地步。"

旅途坎坷，一路波折，大多缘于所遇之人不相合。在原则性的问题上，自然是要咬定青山不放松，但是有很多事情又是根本无法求得共存的。以硬碰硬，即便能够一时成功，最终也会受伤害。如果可以的话，就像梁漱溟先生教导的那样，先把自己的心空出来，这不是软弱，而是太极之妙——以退为进，柔中带刚。

第二节　俞平伯
——谨慎选择你的朋友

俞平伯，古典文学研究家、红学家、诗人、作家。原名俞铭衡，字平伯，以字行世。早年参加五四新文化运动，为新潮社、文学研究会、语丝社成员。1919 年毕业于北京大学。曾赴日本考察教育。曾在杭州第一师范学校执教。后历任上海大学、燕京大学、北京大学、清华大学教授。1947 年加入九三学社。新中国成立后，历任北京大学教授、中国社会科学院文学研究所研究员、九三学社中央委员、顾问等职。

俞平伯先生是一位深受中国传统文化影响的正派而又铁骨铮铮的知识分子，他一生光明磊落、豁达开朗，以他的博学和真诚在学术界结交了许多良师益友，如朱自清、叶圣陶、顾颉刚、郑振铎、何其芳等，很多朋友都是几十年的老交情。一生能结交到这么多的良友实乃人生一大幸事，而这正得益于俞平伯先生在选择朋友上恪守了孔子的教诲：友直、友谅、友多闻；在朋友相处之道上，又能始终坚持"君子之交淡如水"。

择友标准——友直、友谅、友多闻

俞平伯一生光明磊落、豁达开朗，他凭借自己的博学和真诚在学术界结交了许多良师益友，如朱自清、叶圣陶、顾颉刚、郑振铎、何其芳等，他跟很多朋友都有几十年的交情。其中与朱自清先生的友谊更可称得上肝胆相照，以至于朱自清先生病逝后，他悲伤地慨叹道："像这样的朋友该从哪儿去找呢！我以后恐永不复闻我的过失了。"一生能结交到真正的朋友实乃人生一大幸事。而这正得益于俞平伯先生的交友原则，他始终恪守孔子的教诲：友直、友谅、友多闻。"友直"，是指能直言的朋友；"友谅"，是指个性宽厚、能够原谅人的朋友；"友多闻"，是指见识广阔、知识渊博的朋友。反过来，对自身修养无益而有害的朋友亦有三种："友便辟"是指有特别的嗜好，或者不经意间便会将他得罪的朋友；"友善柔"是指依赖性强、个性软弱、缺乏个人主见甚至一味迎合你的朋友；"友便佞"则是指那些专门逢迎拍马的朋友，通常成事不足，败事有余，于己无益。

因此，选择朋友是一件非常重要的事情。朋友并不一定越多越好，只有多交益友，少交损友，才能真正交到好的朋友并从他们身上学到为人处世的道理。

　　唐朝元和年间，东都洛阳留守名叫吕元应。他酷爱下棋，养有一批下棋的食客。吕留守常与食客下棋，如果谁能赢他一盘，出入便可配备车马，如赢两盘，可携儿带女来门下投宿就食。

　　有一日，吕留守在亭院的石桌旁与食客下棋。正在激战犹酣之际，卫士送来一叠公文，要吕留守立即处理，吕元应便拿起笔准备批复。下棋的食客见他低头作批文之状，认为不会注意棋局，迅速地偷换了一子。哪知，食客动作虽小但被吕元应看得一清二楚。他批复完文件后，不动声色地继续与食客下棋，食客最后胜了这盘棋。食客回到住房后，心里一阵欢喜，幻想着吕留守会很快提高自己的待遇。谁料第二天，吕元应携来许多礼品，请这位食客另投门第。而其他食客不明其中缘由，很是诧异。

　　十几年之后，处于弥留之际的吕留守把儿子、侄子叫到身边，谈起那次与被请出食客下棋的事，他语重心长地说："他偷换了一个棋子，我倒不介意，但由此可见他心迹卑下，不可深交。你们一定要记住这些，交朋友要慎重。"积累了多年人生经验的吕留守，深觉棋品与人品密不可分。

故事虽小，却足见古人交友之严。在人的各项基本生活技能中，学会建立及保持友谊是一项至关重要的技能。人生不可以没有朋友，但是怎样交朋友却是需要我们每个人慎重考虑的。诚实的朋友不会暗害自己；正直的朋友可以指出自己的缺点，时时鞭策自己；多闻的朋友可以使自己增长见识，丰富阅历。而阿谀奉承的朋友只会使自己忘乎所以，当面假意虚情，背后暗自诽谤的朋友常常会对你使绊子；花言巧语的朋友更是容易出卖自己。

我们在交朋友时也要学会一些鉴别朋友的技巧。当你初接触某人还不太了解时，可以先试探性地接触他周围的人，初步了解一下他周围的人都是怎样的人。比如说，在与一个人关系密切的人中，势利小人占了多数，那么，这个人性情也好不到哪里去，他可能比较看重权势、利益。一个人周围有一群阿谀奉承之辈，那么这个人肯定爱慕虚荣、喜欢被人吹捧。与之交友，要注意不要轻易直言相谏。

总之，我们在选择朋友时一定要慎重，秉承孔夫子的交友原则：友直、友谅、友多闻。

君子之交淡如水

每个人都有自己的交友方式与原则，对于来来往往的朋友，每个人都有不同的感慨，但同样，失去朋友也是人生的一种遗憾。

人们常说，"朋友是用心经营的"，心中有朋友，平时多联系，友谊才能长久。难道这是说好朋友就应该天天黏在一块儿，或者没完没了地煲"电话粥"、"网上共游"吗？当然不是！俞平伯先生强调：君子之交淡如水。他与朱自清先生有着深厚的友谊，两人在事业上相互鼓励，在生活上相互帮助，互相指出错误，正如俞平伯先生面对朱自清的责备时说的："他责备我和责备他自己一般的认真"。但即便如此，相知的两个好朋友也一直是淡如水的君子之交。

有一则寓言故事，是这样的：

蕨菜和离它不远的一朵无名小花是好朋友。每天天一亮，蕨菜和无名小花就扯着嗓子互相问候，久而久之，它们都把对方当成自己最知心的朋友。但是，它们发现，由于相距较远，每天扯着嗓子说话很不方便，于是便决定互相向对方靠拢，它们认为彼此间的距离越近才越容易交流，感情也就越深。

于是，蕨菜拼命地扩散自己的枝叶，它蓬勃地生长，舒展的枝叶像大伞一样，无名小花则尽量向蕨菜的方向倾斜自己的茎枝，它俩的距离也越来越近了。出乎意料的是，由于蕨菜的枝叶像一柄张开的大伞，不仅遮住了无名小花的阳光，也挡住了它的雨露。失去阳光和雨露滋润的无名小花日渐枯萎，它伤心至极，从此不再与蕨菜共叙友情，同时它还认为是蕨菜动机不良，故意谋害自己，便在心里痛恨起蕨菜来。蕨菜呢，由于枝叶过于茂盛，一次狂风暴雨之后，它的枝叶尽断，身子也光秃秃的。看着遍体鳞伤的自己，蕨菜把这一切都归咎于无名小花身上——如果没有无名小花，它也不会让自己的枝叶肆意疯长。于是，一对好朋友从此反目成仇了。

这个故事告诉我们：即使再好的朋友也要保持适当的距离，这也就是俞平伯先生所崇尚的"君子之交淡若水"。正因为淡，所以不腻，所以长久。

人们常常因为彼此间有着共同的兴趣爱好而相互吸引，联系频繁了，也就产生了友情。同性、异性间的交往大抵如此。但是每个人又都是不同的个体，来自不同的家庭环境，从小接受不同的教育，也就决定了人们具有不同的性格特点、生活习惯、处事方式与理想追求。种种差异所带来的矛盾必然在日常的接触中日渐凸显。

另外，"人无完人，金无足赤"，每个人都有缺点，即使人缘再好也不例外。人们常有这种感慨，刚接触一些人的时候，对他们的第一印象特别好，但久了却发现并不是那样。这是因为随着平日接触的增多，对对方有了更深的了解，他们的缺点也就随之暴露出来。你看到的缺点多了，自然会影响到你对他们的"印象分"，更有甚者，会与之渐行渐远。

距离产生美，在交友时请牢记保持一定的距离，抽象的距离将使你们对彼此的关系怀有更多的憧憬与向往，从而在彼此心间维系一份朦胧的美，将态度从挑剔审视转为赞同认可，这将让你们的关系更加融洽，让友情细水长流。

第三节　郑板桥
——处世之道，难得糊涂

郑板桥名燮，字克柔，号理庵，又号板桥，人称板桥先生。他的一生可以分为"读书、教书"、卖画扬州、"中举人、进士"及宦游、作吏山东和再次卖画扬州五个阶段。为康熙秀才、雍正举人、乾隆元年进士。

郑板桥为人疏放不羁，以进士选县令，日事诗酒，及调潍县，因岁饥为民请赈，忤大吏，罢归，居扬州，声誉大着。恣情山水，与骚人、野衲作醉乡游。时写丛兰瘦石于酒廊、僧壁，随手题句，观者叹绝。著有《板桥全集》，手书刻之。所作卖画润格，传颂一时。为"扬州八怪"之一，其诗、书、画世称"三绝"，擅画兰竹。郑板桥一生画竹最多，次则兰、石，但也画松画菊，是清代比较有代表性的文人画家，代表画作为《兰竹图》。

适度地睁一只眼闭一只眼

"难得糊涂"是郑板桥的一句平淡有味的名言。他本是个绝顶聪明、通今博古的一代文豪，却偏偏写什么"吃亏是福"、"难得糊涂"，并煞有介事地再加上个注解："聪明难，糊涂难，由聪明而入糊涂更难。"这句话可能是郑板桥的为官和处世之道，凡事不要那么认死理，糊涂一点，这样可以给自己免去不少麻烦，并且对朋友宽和一些，会收获更多的友情。人是感性的动物，往往依照自己的价值观去看待事物、处理事情。冯友兰曾经说过："每个人的内心都有衡量行为的一把尺，随时都在使用它来衡量别人和自己。"但很多时候，人们内心的量尺和孙悟空的金箍棒一样，可以随意变化，尤其是在衡量自己和他人时，尺子总是会出现巨大的差异，有时甚至完全就是两套截然不同的衡量标准。

一位哲学家在海边目睹了一条船遇难，船上的水手和乘客全部都溺死了。他痛骂老天爷不公道，只因为一位罪犯正好乘坐这条船，竟然让众多的无辜者受害。当哲学家陷入这种悲愤之际，他发觉自己被一大群蚂蚁围住，原来他站的位置距离蚂蚁窝很近。这时，有一只蚂蚁爬到他身上并叮了他一口，他立刻用脚踩死所有的蚂蚁。天神在这个时候现身，并用他的手杖敲着哲学家的脑袋说："你既然以类似上苍的方式对待那些无辜的蚂蚁，难道你还有资格去批判上苍的行为吗？"

这位哲学家如同现实生活中的一些人，对别人的要求远远超过对自己的要求。他们在评判别人时，总能头头是道，应该这样，不要那样；可是当自己身陷其中，成为当事人时，就忘记了自己曾经说过的话，犯了与别人同样的错误。这种行为表现在工作中，一方面是用放大镜来观察他人的行为，说三道四，评头论足；另一方面却故意漠视或放纵自己的行为，毫无准则可言。

大多时候，人们习惯了用自己想象中的尺去衡量别人的行为，却忽略了每个人心中的尺度并不一样，拿自己的尺去衡量别人未必合适，更何况有时那是连自己都无法达标的尺。不妨将高高举起的、衡量别人的尺粗化一下，试着降低对别人的要求，适度地睁一只眼闭一只眼，一切就会变得圆满很多。

美国著名人际关系学家卡耐基和很多人都是朋友，其中包括许多被人们认为是孤僻、不好接近的人。有人十分奇怪卡耐基的行为："我真搞不懂，你怎么能忍受那些怪人呢？他们的生活方式与我们一点都不一样。"卡耐基回答："他们的本性和我们是一样的，只是生活细节上难以一致罢了。但是，我们为什么要拿着放大镜去看这些细枝末节呢？难道一个不喜欢笑的人，他的过错就比一个受人欢迎的却夸夸其谈者更大吗？只要他们是好人，我们不必如此苛求细节。"

卡耐基不愧是人际关系学大师。其实，人往往是天使与魔鬼的混合体，优点与缺点共存，美丽与丑陋俱在。与人相交，要看好的方面，至于一些小节，诸如生活习惯之类，大可以"视而不见"。

每个人的个性、特点不一样，任何时候都不要以自己的标准苛求他人，求大同存小异才是为人处世的智慧所在。

英国有一句谚语说得好："要想知道别人的鞋子合不合脚，穿上别人的鞋子走一英里。"将心比心，自己不想做或者做不到的事情，就不要强求别人去做，在"己所不欲，勿施于人"的基础上，进一步做到"己欲立而立人，己欲达而达人"，我们的生活氛围就能轻松很多。

郑板桥巧惩盐商

清朝政府的财政收入很大部分是来自盐业，因此，清政府一直十分重视整治盐课。

清朝时期，盐业分为官营和私营两种。私营大都是私盐小贩，本小利大；官营的大盐商仗着权势，欺行霸市，囤积居奇，哄抬市价。私盐商贩们经常因受排挤敲诈而破产。

那年，54岁的郑板桥从范县调往潍县任知县。他来到这个以盛产海盐而著称的小县城，面对眼前繁荣昌盛的盐业景象很兴奋，但又感到一种压力：要保证这里盐业的发展，治理好当地的经济秩序是非常难的。

上任不久，郑板桥就遇到了一件官私盐商的诉讼案。郑板桥一见到那个小贩，便知是个可怜的穷人：蓬头垢面，衣衫褴褛，枯瘦如柴。他贩盐卖，是生活所逼，迫不得已，郑板桥顿生怜悯之心。升堂审理后，郑板桥很清楚这案件的内情是"官"压"私"，案子本身并不复杂，但处理起来却很棘手。如果明断官商不法，这虽然保护了盐贩的利益，但将得罪官商，盐业的税收肯定会受影响；如果昧良心惩罚私盐贩，不仅于心不忍，而且也会招致私盐贩们的不满，同样会影响盐税的收缴。郑板桥思来想去，忽然心生一计。他当即把惊堂木一拍，喝道："私盐贩子竟然如此无理取闹，今天我要杀一儆百，给你们点颜色看看。"

郑板桥随即命衙役抱来了一些芦席，用细木片作托，扎好，中间挖一个大圆孔，名曰"芦枷"。他又画了几幅竹子和兰花，题了字，贴在芦枷上。然后让小贩套在脖子上，站在盐商的门口示众。大家都知道郑板桥不仅是个办事公正的清官，还是个著名的大画家，他的诗、书、画堪称"三绝"，许多人想一睹为快，渴望能得到他的墨迹。那位小商贩戴着芦枷在盐商门前一站，即刻引来许多人前来观画，整个县城都轰动了。

围观的人越来越多，大盐商颇为得意，认为这下可好了，再也没人敢和自己抗衡了。

围观的人越聚越多，店门口被挤得水泄不通，店外人群熙熙攘攘，店内空无一人，大盐商这才感到不妙，盐贩示众严重影响了自己的生意，一天下来一笔买卖也没做成。第二天围观的人就更多了，大盐商感到好不晦气。当天傍晚，大盐商气急败坏地去见郑板桥，苦着脸请求道："大人，请您不要再让那私盐贩子在我们门口示众了。"

"本县判处示众十天，怎么刚刚两天，你就来说情？"郑板桥故作惊讶地问。

"大人，我不是来说情的，只是私盐贩子戴着芦席枷，倒很轻松，可是我这两天的买卖却不见起色，要是再这样下去，我的店就要关门了。"大盐商哭丧着脸说。

郑板桥板着脸，拈着胡须，冷笑一声道："你们这些富商可真难侍候！要戴枷示众的是你，请求脱枷的还是你。好！好！这回依你就是，下次要是再这样反复无常，戏弄本县，连你也要顶枷示众！"

说完，郑板桥便命令差役给私盐贩解去刑枷，释放回家。大盐商又羞又恼又怨又恨，落得个哑巴吃黄连，有苦说不出。从此，大盐商欺压私盐贩子的事情再也没有发生。

郑板桥当时只是一名小小的县令，他官卑职小，人微言轻，对于这件事他没有大动干戈，而是故意装糊涂，就这样把问题解决了。在我们平常生活的为人处世中，也要学会这种"装糊涂"的智慧，对朋友宽容一点，对恶人巧施薄惩，让我们的生活更和谐。

第四节　玫琳凯·艾施
——永远不要吝惜你的赞美

玫琳凯·艾施是玫琳凯化妆品公司创始人和荣誉董事长，被视为当今世界最成功的女企业家。她以5000美元起家，创造了年销售额超过20亿美元，拥有50万名美容顾问的跨国集团，她的公司被美国《财富》杂志列为全美国最受尊敬的最大财团公司之一。她是唯一一个在美国《福布斯》杂志上被评为全球企业界最具传奇色彩并获得巨大成功的女性。

用赞美哲学激励身边人

世界500强企业中唯一一个女性公司是非常著名的化妆品——玫琳凯公司，它是1963年玫琳凯女士40多岁的时候在美国达拉斯建立的，当时只有一间500平方英尺的店铺，经历几十年的发展，玫琳凯公司现在已经遍布全球，受到了很多女士的欢迎。在玫琳凯公司工作的每个人都特别积极，特别有干劲，都把工作当成是自己的事业来努力奋斗。

如果你想从这个中年妇女那里得到成功的秘诀，相信你也会像我一样，能听到玫琳凯所有的美容顾问讲的这么一段话："一个企业如果能够存在一年，说明它的质量好；能存在五年，说明它质量好，售后服务好；能像玫琳凯公司这样存在几十年而且迅速地发展和壮大，那就说明它不但质量好，售后服务好，并且管理策略也是非常好的。"的确，玫琳凯公司的管理模式是很特别的，她会给员工进步的空间，学习的地方也很多。当然这些也为玫琳凯女士这个拥有智慧才华的人赚来了令人垂涎三尺的钱财，得到令人羡慕的地位，从一个无名妇女成为令人瞩目的女人，一个真正的有财富的人。

在经营自己的事业时，玫琳凯就把管理作为重点，她管理成功的秘诀之一就是非常注意赞美的力量和功效。

玫琳凯的一位营销主管采用了一个非常有效的办法来赞美长时间加班的员工。当时她们正在筹备一个为期五天的美容顾问与业务督导的盛大聚会。预期会有两万多名的女士来达拉斯参加这次盛会。不用说，为了这个聚会，营销部门已经准备了将近半年，并且决定在会议期间，24 小时全天候接受订单。

所有的员工和其家属都被邀请参加一个名叫"为你着迷"的特殊舞会。那是一个很有意思的舞会，1000 多人参加活动。舞会有个很独特的安排，就是要求每位参加者都要头戴一顶滑稽的帽子。在没有演讲的时候，这位营销主管会绕行全场，把他的帽子和部属进行交换，交换了一二十次。每次摘下帽子，他都会夸对方表现有多好。

"嘿。你真是做得很好"，别人听到他跟一位负责公司内部刊物的女士说，"我不知道你是怎么做到的，每一期都是那么出色，其他公司的刊物根本不能和我们相媲美，还有那次年度升迁前的专题讨论会实在是太棒了……"

在这种赞美哲学的支持下，每位美容顾问只要在第一次卖出 100 美元的美容卡后，就会相对应地得到一条缎带，200 美元时再获得一条，以此类推。这种用 0.4 美元的礼物来奖赏 100 美元的荣誉，要比用 100 美元的礼物装在盒子里来奖赏 0.4 美元的荣誉来得有效多了。其实，员工努力工作并不是只为了获得那条缎带，而是为了争取它所代表的荣誉、所代表的敬业精神。

玫琳凯公司之所以能够发展到今天这样的规模，跟玫琳凯本人成功的经营之道是密不可分的。玫琳凯女士虽然在退休后才开始创业，但她很注重学习管理的经验，而非埋头去钻研化妆、美容等其他的手艺。

赞美是一种不可思议而且非常有效的推动力量，很不幸，许多管理人员却不愿意加以运用。玫琳凯女士还要求公司的管理人员也经常对员工说这样的话："你知道吗，我很欣赏你在公司的表现，你真的很棒！"或者，"我真不知道没有你该怎么办？你是我雇用过的最好的秘书。"等等。你可以在任何时候赞美别人，而这种赞美对于他们来说，也许就像是荒漠中的绿洲一样。

学会赞美别人

什么样的人最招人喜欢？答案是：会赞美和欣赏别人的人，最是招人喜欢。

林肯说过："每个人都喜欢被赞美。"赞美之所以得其殊遇，一在于其"美"字，表明被赞美者有卓然不凡的地方；二在于其"赞"字，表明赞美者大方、热情的待人态度。人类本质里最深远的驱策力就是希望具有重要性，希望被赞美。因此，对于他人的成绩与进步，要肯定、要赞扬、要鼓励。当别人有值得褒奖之处时,你应毫不吝啬地给予赞许的目光,以使得人们的相处变得和谐而温馨。

那么对于青少年来说,如何赞美你的同学、朋友和老师呢?

1. 情感体验要真实。这种情感体验包括对对方的情感感受和自己的真实情感体验,要有发自内心的真实情感,这样的赞美才不会给人虚假和厌烦的感觉。带有情感体验的赞美既能体现人际交往中的互动关系,又能表达出自己内心的美好感受,对方也能够感受到你对他真诚的感情!

2. 凭自己的感觉。每个人都有灵敏的感觉,也能同时感受到对方的感觉。要相信自己的感觉,恰当地把它运用在赞美中。如果我们既了解自己的内心世界,又经常去赞美和欣赏别人,相信我们的人际关系会愈来愈好。

第五节　唐拉德·希尔顿
——微笑征服一切

唐拉德·希尔顿是美国旅馆业巨头,人称旅店帝王。1887 年生于美国新墨西哥州,曾是控制美国经济的十大财阀之一。第一次世界大战期间曾服过兵役,并被派往欧洲战场,战后退伍,之后经营旅馆业。希尔顿缔造了一个全世界无可匹敌的"旅店帝国",这个帝国跨越国界,经过数十年的快速发展已延伸到除南极以外的全世界,资产发展为数百亿美元。

团队精神和微笑服务成就旅店帝国

美国希尔顿饭店创立于 1919 年，不到 90 年的时间，它从一家饭店扩展到 100 多家，遍布世界五大洲的各大城市，属于全球规模最大的饭店之一。那么，他成功的秘诀是什么呢？其实很简单，其成功的秘诀就在于牢牢确立自己的企业理念——团队精神和微笑服务，并把这个理念上升为品牌文化，贯彻到每一个员工的思想和工作行为之中。

希尔顿 1887 年降生在美国新墨西哥州一个名叫圣安东尼奥的小镇上，笃信宗教和勤恳的父母对他的成长和日后的成功影响很大。希尔顿少年时代便边读书边在父亲的店里打工，练就了勤勉和善于经营的本领。

1919 年，战争结束后希尔顿退伍返乡，买下了一座旅馆，从此开始经营旅馆业。他以 5000 美元起家，努力奋斗，历尽磨难，成为世界著名的旅店大王和亿万富翁。他的成功，在一定程度上应归功于他那独特的用人之道以及在此基础上形成的管理风格。

在希尔顿的旅馆王国之中，许多高级职员都是从基层逐步提拔上来的。由于他们有丰富的经验，所以经营管理非常出色。希尔顿对于提升的每一个人都十分信任，放手让他们在各自的工作中发挥聪明才智，大胆负责地工作。如果他们之中有人做了错事，他常常单独把他们叫到办公室，先鼓励和安慰一番，然后再帮他们客观地分析错误的原因，并一同考虑解决问题的办法。希尔顿的处世原则，使手下的全部管理人员都对他信赖、忠贞，对工作兢兢业业、认真负责。

正是希尔顿对下属的信任、尊重和宽容，使得公司所有员工都充满了和谐的气氛，创造了一种轻松愉快的工作环境，从而使得希尔顿获得其经营管理中的两大有力武器——团队精神和微笑服务。

希尔顿在第一次世界大战期间赴欧作战的经历，使他深深地意识到团队精神在一个组织中的重要性。当后来有人问他，为什么要在旅馆经营中引进团队精神时，他回答道："我是在当兵的时候学到的，团队精神就是荣誉感和使命感，店员的热情不是单靠薪水就可以提高的。"不论是在创业阶段与合伙人之间，还是在企业经营阶段与职工之间，希尔顿总是真诚相待，发扬团队精神，把所有的人拧成一股绳。事实证明，这种精神在希尔顿的事业发展上起到了很重要的作用。这一切就是希尔顿坦诚、信任、宽容的用人之道。

当希尔顿的资产从几千美元净增到几千万美元时，他曾欣喜自豪地把这一成功告诉了母亲。然而，母亲却淡然地对他说："你要把握的更重要的东西不是就这些，而是除了对顾客诚实之外，还要想办法使来希尔顿旅馆住过的人还想再来住，你要想出一种简单、便捷、不花本钱而行之久远的办法去吸引顾客，这样你的旅馆才有前途。"

为了找到母亲所说的办法，希尔顿逛商店、串旅店、访酒店，以自己作为一个顾客的亲身感受，终于得到了答案——微笑服务。只有它真真切切的具备母亲所提出的四大条件。同时，他一贯坚持的用人之道和经营方式足以保证员工的笑容是真实的、发自内心的。希尔顿要求每个员工不论多么辛苦，都要对顾客投以微笑。即使在旅店业务受到经济萧条的严重影响时，他也经常提醒职工记住："万万不可把我们心里的愁云表现在脸上，无论旅馆本身遭受的困难如何，希尔顿旅馆服务员脸上的微笑永远是属于旅客的阳光。"因此，在经济危机中幸存的20%的旅馆中，只有希尔顿旅馆服务员的脸上始终带着微笑。结果，经济萧条刚过，希尔顿旅馆就率先进入新的繁盛时期，跨入了黄金时代。

由此可见，信任、尊重、微笑对人，一定会收获累累硕果。

青少年正处于生理和心理发展的关键时期，也是一个人世界观、人生观形成的关键时期，随着自我意识的出现和不断发展，青少年渴望同伴之间的交往和感情，但由于他们涉世不深，社会经验的不足，在跟同伴交往时往往会产生多种多样的问题，从而影响青少年的健康成长。

再加上现在的青少年大都是独生子女，从小就被父母家人宠爱，生活在无微不至的照顾之中，因此在与他人交往中总是以自我为中心。长期受生活环境的影响，容易缺乏对别人的信任、尊重和宽容，不利于今后人生和事业的发展。

价值百万的笑容

20世纪30年代，某年初秋的一天清晨，一个矮个子青年从位于日本东京目黑区的公园长凳上爬了起来，徒步去上班，他因为拖欠房租已经在公园的长凳上睡了两个多月了。他是一家保险公司的推销员，虽然工作勤奋，但收入少得可怜，每天还要看尽别人的脸色。

一天，年轻人来到一家佛教寺庙向住持介绍投保的好处。老和尚很有耐心地听他把话讲完，然后平静地说："听完你的介绍之后，丝毫引不起我投保的意愿。人与人之间，像这样相对而坐的时候，一定要具备一种强烈吸引对方的魅力，或者至少有一种面带微笑的亲和力，如果你做不到这一点，将来就没什么前途可言了……"

他离开的时候一路反思，后来他总结出了自己含义不同的39 种笑容，并一一列出各种笑容要表达的心情与意义，然后再对着镜子反复练习，他甚至每个周日晚上都要跑到日本当时最著名的高僧伊藤道海那儿去学习坐禅。

年轻人开始像一条成长的蚕，随着时光的流逝悄悄地蜕变着。到了第二年他的销售额不断上升，5 年之后，他的销售业绩荣膺全日本之最，并且连续 15 年保持全日本销售第一的好成绩。1968 年，他成了美国百万圆桌会议的终身会员。这个人就是被日本国民誉为"练出值百万美金笑容的小个子"、美国著名作家奥格·曼狄诺称之为"世界上最伟大的推销员"的推销大师原一平。

也许原一平的故事更能够让我们了解微笑的价值。一个人在成长过程中，做到一时的坦诚、尊重、微笑待人并不难，难的是数十年的持之以恒。通过希尔顿和原一平的故事我们可以看出，一个人可以没有资产、没有后台，但是只要有一个相互信任、尊重的团队，加上对顾客的微笑，一定会取得成功，收获丰收的果实。

微笑是一个人内心真诚的外露，它具有难以估量的社会价值，它可以创造难以想象的财富。正如卡耐基所说："微笑，做起来很简单，但却可以创造很多成果。它丰富了那些接受的人，而又不使给予的人变得贫瘠。它在一刹那间产生，却给人留下永恒的记忆。"

第 5 章

成长人生: 心灵成长的处方

无论是当代的青少年还是已经而立之年的成年人, 每个人都在不断地成长, 我们的人生就是一个从不知到知、从知少到知多的成长过程。在这个过程中我们要不断超越自我, 变大变强, 在兴趣的导向下自学成长, 在已有的经验和知识的基础上学会创新, 或者根据自己设计的规划每天都有哪怕一点点的进步。

第一节　王国维
——每天都要有所进步

王国维，字伯隅、静安，号观堂、永观，浙江海宁人。近代中国著名学者，杰出的古器物、古文字、古史地学家，诗人，文艺理论家，哲学家，国学大师。著有《人间词话》等名著。

作为中国近代著名的国学大师，王国维先生从事文、史、哲几十年，是近代中国运用西方哲学、美学、文学观点和方法剖析评论中国古典文学的开风气者，也是中国史学史上将考古学与历史学相结合的开创者。他在学术研究中取得了令人瞩目的成就。

每天进步一点点

王国维先生是一位集史学家、考古学家、词学家、文学家、金石学家和翻译理论家于一身的学者，生平著述62种，批校的古籍超过200种，被誉为"中国近三百年来学术的结束人，最近八十年来学术的开创者"。梁启超称赞他"不独为中国所有而为全世界之所有之学人"，而郭沫若先生评价他"留给我们的是他知识的产物，那好像一座崔嵬的楼阁，在几千年的日学城垒上，灿然放出了一段异样的光辉"。王国维先生能够在仅五十年的生命历程中取得如此显著的学术成就，与他的坚持不懈和几十年如一日的勤奋学习是分不开的。他曾要求自己每天都要进步一点，今天的我总得比昨天的我要有进步。

的确，成功就是简单的事情重复去做，成功就是每天都能够进步一点点。一个人，如果每天都能进步一点点，哪怕是 1% 的进步，试想，有什么能阻挡得住他最终的成功呢？《礼记·大学》中有一段话："苟日新，日日新，又日新。"老子在《道德经》中也说："合抱之木，生于毫末；九层之台，起于累土；千里之行，始于足下。"这些中国的经典文化都说明了一个道理：量变积累到一定程度就会发生质的变化。一个人，只要坚持每天进步一点点，最终就有到达成功的那一天。

> 有一道"脑筋急转弯"式的小智力测试题：
>
> 荷塘里有一片荷叶，它每天都会增长一倍。假如 30 天会长满整个荷塘，请问第 28 天，荷塘里有多少荷叶？答案要从后往前推，荷叶会占满四分之一的荷塘。这时，假如你站在荷塘的对岸，你会发现荷叶是那样的少，似乎就只有那么一点点，但是，第 29 天就会占满一半的荷塘，第 30 天就会长满整个荷塘。

正像荷叶长满整个荷塘的过程，荷叶每天变化的速度都是一样的，可是前面花了漫长的 28 天，我们能看到的荷叶都只有一个小小的角落。在追求成功的过程中，即使我们每天都在进步，然而，前面那漫长的"28 天"都会因为无法"享受"到结果，常常令人难以忍受。人们常常只对"第 29 天"的希望与"第 30 天"的结果感兴趣，却因不愿意去忍受漫长的成功过程而在即将看到希望的"第 28 天"放弃。

每天进步一点点，它具有无穷的威力，只是需要我们有足够的耐力和耐心，坚持到"第 28 天"以后。我们的学习贵在每天持之以恒的坚持，贵在日复一日、月复一月、年复一年勤勤恳恳的学习之中。一步登天是做不到的，但是一步一个脚印我们能做到；急于求成、一鸣惊人不好做，但永远保持一股韧劲，每天把该做的事情认认真真完成，就会不断提高。

要求自己每天能够进步一点点，就是要让自己在修道修德的漫长人生旅途中，做到今天要比昨天强，今天的事情今天完成，每天都在为心中那个大目标做着永不懈怠的努力！为此，要始终保持平静的心情、从容的心态，步履稳健地走好人生的每一步，不允许每一天的虚度，不放过每一天的繁忙，不原谅每一天的懒惰和散漫，用"自胜者强"来勉励、监督自己，克服浮躁，战胜动摇。要求自己在修道修德的旅途中能够每天进步一点点，不是做给别人看，所以不能懈怠，更不能糊弄自己，而是要用严于律己的人生态度以及自强不息、每天进步一点点的可贵精神，走出一条通往成功的光明大道。

领悟读书的三个境界

说到读书治学，就一定要提到王国维先生在《人间词话》中所说的读书治学的"三境界"之说。书中写道："古今之成大事业、大学问者，必经过三种之境界：'昨夜西风凋碧树。独上高楼，望尽天涯路。'此第一境也。'衣带渐宽终不悔，为伊消得人憔悴。'此第二境也。'众里寻他千百度，蓦然回首，那人却在，灯火阑珊处。'此第三境也。此等语旨非大词人不能道。然遽以此意解释诸词，恐为晏欧诸公所不许也。"他非常巧妙地运用了三句中蕴含的哲理意趣，把诗句从爱情领域引申到了治学领域，赋予了它深刻的内涵。

王国维先生认为，治学有三种不同的境界：

第一境界：昨夜西风凋碧树。独上高楼，望尽天涯路。这句词出自晏殊的《蝶恋花》，原意是说，我上高楼眺望，所看见的尽是萧飒的秋景，西风黄叶，山阔水长，案书何达？本来是写闺妇对远方爱人的遥盼与思恋，而王国维先生却在此把它解释为：做学问、成大事业者，首先要有执着的追求，登高望远，瞰察路径，明确方向和目标，了解事物的概貌。

说明读书一定要专注。一是要把读书当作自我需要，思想上要重视，情感上要喜爱，潜心读书，专心致志。二是人生有限，学海无涯，要明确目标，下定决心，如果不具备这个条件，就不会有第二、第三境界。

第二境界：衣带渐宽终不悔，为伊消得人憔悴。这句话出自柳永的《蝶恋花》，原词是表现爱的艰辛和无悔。若把"伊"字理解为词人所追求的理想和毕生从事的事业，亦无不可。王国维则别出心裁，用这两句来比喻成大事业、大学问者，不是轻而易举、随便可得的，必须坚定不移，经过一番辛勤劳动，废寝忘食，孜孜以求，就算人瘦、带宽也不后悔。这句主要是比喻读书、求知须历经一个艰苦的过程。

古人有云，"人之于学问，犹玉之琢磨"，如切如磋，如琢如磨。古今大凡有造诣的人，都经历了一个刻苦攻读的过程。战国时期的苏秦读书，头悬梁锥刺股；李白读书，"匡山读书处，白首好归来"；毛泽东读书，无论是在戎马倥偬的战斗中，还是在和平建设的岁月里，从来都不间断；马克思读书，经常废寝忘食，甚至是通宵达旦，即使重病缠身……在这个世界上，做什么都没有不经历坎坷的，对事业，对理想，要执着追求，忘我奋斗。

第三境界：众里寻他千百度，蓦然回首，那人却在灯火阑珊处。此诗句出自辛弃疾的《青玉案》，该句原本描写的是一青年经过"千百度"的追寻，终于在人群中找到了心中久久思恋的情人。而用它比喻读书，旨在说明苦读后收获的幸福。这是第二境界的必然结果。经过"千百度"的苦读、探索、钻研与思考，你得到的定将是物欲私念的超脱、人生哲理的顿悟、精神境界的升华以及创造灵感的激发。

这三种境界，是相辅相成、紧密相连、缺一不可的。读书治学，如果没有求知欲，不能吃苦，不肯吃苦，就不能够坚持到底；如果有求知欲，并且不怕吃苦，但没有"众里寻他千百度"的毅力和耐心，也很难有所发现。

我们如果想要读书成材、治学有成果，必须具备这三种境界。俗语说，吃得苦中苦，方为人上人。只有遵循着这三种境界的规律去做，才能够"蓦然回首，那人却在，灯火阑珊处"，这时你就能够感受到读书的无穷乐趣。

第二节　陈寅恪
——自强不息才能得真知

陈寅恪，中国现代最负盛名的历史学家、语言学家以及古典文学研究家。江西义宁（今修水县）人，著名诗人陈三立的儿子。陈寅恪年少时曾在南京家塾就读，在家庭环境的熏陶下，从小就能背诵四书五经。陈寅恪先生广泛阅读历史、哲学典籍，国学基础深厚，国史精熟，又大量吸取西方的文化，因此他的见解多为国内外学人所推崇。吴宓先生很器重他，觉得他是"全中国最博学之人"，梁启超先生也非常尊重他，向他人介绍陈寅恪时谦虚地说："陈先生的学问胜过我。"

陈寅恪先生作为著名的国学大师，其学富五车、通今博古的学问令现代的许多学者对其高山仰止，称其为"文化昆仑"。傅斯年先生对他的评价是："陈先生的学问，近三百年来一人而已！"。

举一反三，深入思考

在读书治学上，陈寅恪先生曾多次强调，做学问不能像蜻蜓点水般一带而过，而是要进行反复的揣摩、举一反三，如此才能够触类旁通、事半功倍，从而求得真知。

我国的圣贤孔子也早就有过这样的治学观点，《论语 . 述而》中有："不愤不启，不悱不发，举一隅不以三隅反，则不复也。"这句话意思是：不到他努力想弄明白而不得的程度不要去开导他，不到他心里明白但是不能用完善的话语表达出来的程度不要去启发他，如果他不能举一反三，就不要再反反复复地给他举例子了。这句话其实就是想告诉人们一个非常简单的道理，人们在经过学习之后，应该能够做到举一反三，如果不能够做到这一点，别人再怎么教也没用。

乔治和詹姆斯一同外出游玩。到了目的地后，詹姆斯在酒店里看书，乔治便来到熙熙攘攘的大街上闲逛，忽然他看到路边有一个人正在卖一只玩具猫。

乔治随意地抱起猫，猫身很重，似乎是用黑铁铸造的，然而，聪明的乔治一眼便发现，那一对猫眼是用珍珠做成的。他为自己的发现狂喜不已，便问道："这只玩具猫卖多少钱？"

卖主答："3 美元。"

乔治说："那么我出 1 美元买这两只猫眼可以吗？"

卖主在心里合计了下，认为挺合算的，就答应了。

乔治欣喜若狂地跑回旅店，笑着对正在埋头看书的詹姆斯说："我只花了 1 美元，竟然买了两颗大珍珠，真是太不可思议了！"詹姆斯发现这两个猫眼的的确确是罕见的大珍珠，便问乔治是怎么回事，乔治把自己买猫眼的事情讲给他听。听了乔治的话，詹姆斯的眼睛一亮，急切地问："那个卖玩具猫的人现在在哪里？"

詹姆斯根据乔治说的地址，找到了那位卖玩具猫的人，说："我要买这只猫。"卖主说："猫眼已经被别人买走了，如果你真的要买，就给我 2 美元吧。"

詹姆斯付了钱，把猫买了回来。乔治嘲笑他道："兄弟呀，你怎么花 2 美元去买这只没有眼珠的玩具猫呢？"

　　詹姆斯却坐下来把这只猫翻来覆去地看，然后，他向服务员借了一把小刀，用小刀去刮铁猫的一只脚，当黑漆脱落后，露出金灿灿的黄金，他兴奋地大叫："乔治，你过来看，果然不出我所料，这只玩具猫是纯金的啊！你想想，当年铸造这只玩具猫的人，一定是怕金身暴露，才用黑漆将猫身漆了一遍，就好像是一只铁猫了。"见此情景，乔治后悔莫及。

　　詹姆斯笑着说道："你虽然能发现猫眼是珍珠，但你却缺乏一种联想的思维方式，分析和判断事情还都不够全面。你应该好好地想一想，猫眼睛既然是用珍珠做成的，那么猫的全身怎么会用不值钱的黑铁铸造呢？"

　　从故事中我们可以看出，只有养成举一反三、深入思考的好习惯，才能激发出潜在的智慧。创造性思维是大脑思维活动的高级层次，是智慧的一种升华，是大脑智力发展的高级表现形态。如果我们在思考问题时能够运用这样的思维方式，那么知识和财富的宝库之门将会在不经意之间向我们敞开。

自强不息，活到老学到老

　　陈寅恪先生曾于 1921 年出国留学，在此期间他勤奋学习，积累了各方面的知识，而且具备了阅读梵、英、法、德和巴利、西夏、突厥等八种语言的能力，尤其对梵文和巴利文特别精通。文字是研究史学的工具，他国学基础深厚，国史精熟，又大量吸取了西方的文化，因此他的见解被国内外学人推崇。他双目失明之后，仍锲而不舍，悉心钻研，用了十年的时间进行创作，才有了《论再生缘》、《柳如是别传》这样的巨著。陈寅恪先生一直强调学习是件终生的事情，活到老要学到老。他是这样说的，更是这样做的。他勤奋的学习态度和执着的治学精神令人们钦佩万分。

中国古代曾经有过"江郎才尽"的故事，就是警示人们要有不停学习的精神。

南北朝时期的梁朝有一个金紫光禄大夫，名叫江淹。江淹年轻时家境贫寒，好学不倦，诗和文章都写得非常好，成为当时非常有名的作家。中年为官以后，有天晚上，他做了一个梦，梦中一个自称郭璞的人对他说："我的五彩笔在你处多年，请你还给我吧！"江淹听了这话以后，就伸手到自己怀中去摸，摸到了五彩笔便还给了郭璞，从那之后，江淹写的诗和文章就再也没有优美的句子了。

据史学家考证，确实有江淹这个人，他的诗文后来退步是真的，但他一落千丈的根本原因并不是像上面说的那个还五彩笔的传说那样。他年轻时家境贫寒，所以学习刻苦，"留情于文章"，而且非常注意向别人学习，"于诗颇加刻画，虽天分不优，而人工偏至"，也就是说他虽然缺乏做学问的条件，但却加倍地去努力、去钻研。他的成就不是天意神授，而是来自于他的勤奋和思考。勤奋好学不倦怠，这就是他前半生誉满朝野的根本原因。

到了后半生的时候，官做大了，名声也大了，他认为平生所求皆已具备，功名既立，需及时行乐了，于是由嬉而随，耽于安乐，自我放纵，安于享受，再不求刻苦砥砺了。他自己总结说他性有三短，其中的"体本疲缓，卧不肯起"、"性甚畏动，事绝不行"等就属于"随"的劣性。

"随"导致他事业心消磨，他只"望在五亩之宅，半顷之田"，所有以前那些治国平天下的雄心壮志都烟消云散了。后来诗文褪色，"绝无美句"，这也是必然的结果。

学习是件终生的事情，正如逆水行舟一般，不进则退。有大学问的人，贵在勤奋和持之以恒的努力，如果在一点小小的成就面前就沾沾自喜、满足现状，再聪明的人也会有江郎才尽的那一天。

《礼记》中这样写道："苟日新，日日新，又日新。"只有终生不倦地学习，才能时时保持进步的状态。中国古代思想家朱熹也有诗云："问渠那得清如许，为有源头活水来。"只有不断地学习新的知识，学问才会不断地有新的境界。

第三节　刘半农
——成长要以兴趣为师

刘半农，原名刘寿彭，改名刘复，字伴侬、半农，号曲庵。江苏江阴人，是我国五四新文化运动的先驱之一，语言及摄影理论奠基人。著名的文学家、语言学家、教育家。刘半农出生于知识分子家庭，1911 年曾参加辛亥革命。作为民国时期著名的学者，他不仅在文学上卓有建树，在语言学方面更是取得了令人瞩目的成就。他的《汉语字声实验录》荣获"康士坦丁语言学专奖"，是我国第一个获此国际大奖的语言学家。

兴趣是最好的老师

1920 年，刘半农先生曾到英国伦敦去学习语言学，他当时是靠教育部的经费才得以出国的，但是经费常常是不稳定寄送的，致使刘半农先生在国外的生活异常艰难，他在写给胡适的信中说："我近来的情形真是不太好。天天闹得是断炊。我身边有几个钱，便买面包吃吃，没了便算。但是我也没有别的办法，只有闭上眼睛忍受。"但即使是这样艰苦的条件，刘半农先生依然省吃俭用，用省下来的钱买声学仪器，并研究写出了《四声实验录》，发明了"音高推断尺"。国内学者对他广泛赞扬，并且对他能克服如此困难、做出这样的成绩表示钦佩；而刘半农先生则不以为苦，他说自己是"乐在其中"，只是兴趣使然罢了。

从心理学角度讲，兴趣是人需要的心理表现，它使人对于某些事物优先给予注意，并带有积极的感情色彩。兴趣起源于个体的需要，在实践活动中形成，这种内在的个体心理倾向可以在人的心理和行为中发挥积极作用，使你长期专注于某一个方向，从而做出艰苦的努力，取得卓越优异的成绩。

而对于普通人来说兴趣也是特别重要的，倘若我们能在生活和工作中更多地去挖掘兴趣点，那么，我们在做我们感兴趣的事情时便不会觉得疲惫，相反是一种享受，是一种快乐，这样也能让生活更加充实而丰富多彩。

"兴趣是最好的老师"这句无数人说道过的话永远都会闪耀着智慧的光芒。荣膺"世界十大知名美容女士"、"国际美容教母"称号的香港蒙妮坦集团董事长郑明明就是一个在兴趣的引导下走向成功的优秀女性典范。

在印尼的华人圈子里，郑明明的外交官父亲很有名望。郑明明读小学的一天，父亲特地将香港作家依达的小说《蒙妮坦日记》推荐给她。这是依达的成名作品，描写了一个叫蒙妮坦的女孩子经过了爱情、事业、生活的挫折之后，通过努力最终实现了自己的梦想的故事。按照父亲的期望和愿望，女儿以后应该也是个"高等知识分子"。然而，从小就喜欢把自己打扮得美丽漂亮的郑明明对美的事物更感兴趣。当她在街上看到印尼传统服装——纱笼布上那精致的手绘图案时，她被艺术的无穷魅力深深吸引住了，被那些给生活带来美丽的手工艺人的精湛技艺感动了，从此她便萌发了从事有关美丽事业的念头。

郑明明坚持要走自己想走的路，她瞒着父亲到了日本，在日本的山野爱子学校开始了美容美发的学习。那所学校里都是些富家女，大家每天的生活就是相互攀比，比谁衣服好看、比谁装扮漂亮等。但郑明明不是这样的，因为她留学不是为了和她们攀比斗艳，况且她也没有闲钱攀比。由于得不到父亲的支持，来到日本的她当时身上只有 300 美元，这些钱只够交学费、住宿费，这之后就几乎所剩无几了。冬天的时候，她的同学都穿着各式各样的皮衣，而她只有件破旧的黑大衣御寒。平时下了课，郑明明还要到美发厅打工。打工一是为了挣点零用钱，二是为了学习人家的经验。在打工期间，她仔细观察每个师傅的技艺、顾客的喜好、美容店的管理等，以盘算自己未来的事业发展情况。

从日本的学校毕业以后，郑明明来到了香港，租了间店铺成立了蒙妮坦美发美容学院。万事开头难，创业初期，她一人身兼好几份工作，既是老板，也做工人；既迎宾，也要洗头。她坚信"时间就像海绵里的水，只要挤总会有的"，每天坚持晚睡早起，至少工作 11 个小时。可是忙碌之余，她还有个雷打不动的习惯，就是到了晚上，把白天顾客留的姓名、特征、发型、喜好等资料建成档案，以后经常翻阅，也便于下次和顾客进行沟通。

虽然经历了很多的磨难，但郑明明终于成功了。她成立了一个又一个的分店，并把"战场"从香港转向中国内地。从此，蒙妮坦便众所周知，郑明明也便家喻户晓。

如果郑明明按照父亲的意愿走上那条中规中矩的道路，凭借她的资

质，说不定现在也会很成功，但是绝对不会比现在的她更有光环。因为她选择了自己兴趣所在的道路，所以便会心甘情愿付出更多的努力和坚持。

因此，我们应该了解并且尊重自身的兴趣，着重对自身的兴趣进行挖掘和培养，使自己在兴趣的引导下做自己喜欢做的事，用自己全部的激情和热情，全身心地投入进去，这样才能使我们的学习事半功倍，更容易取得成功。

顺其自然，水到渠成

刘半农早年参加《新青年》编辑工作，后旅欧留学，获法国国家文学博士学位。1925 年回国，任北京大学教授。他所作新诗多描写劳动人民的生活和疾苦，语言通俗。刘半农一生著作甚丰，创作了《扬鞭集》、《瓦釜集》、《半农杂文》，编有《初期白话诗稿》，学术著作有《中国文法通论》、《四声实验录》等，另有译著《法国短篇小说集》、《茶花女》等。其中《汉语字声实验录》荣获"康士坦丁语言学专奖"。刘半农之所以有如此高的文学造诣，皆是因为他对学术知识有浓厚的兴趣。

俗话说"强扭的瓜不甜"，世间万物重在"顺其自然"，爱因斯坦的"兴趣才是最好的老师"一语道破了其中精妙。我国古人亦云："知之者不如好之者，好知者不如乐之者。"可见，兴趣对学习有着神奇的内驱动作用，能变无效为有效，化低效为高效。

大家都知道著名的篮球运动员姚明。在姚明小时候，姚明的父母并没有刻意鼓励他把篮球当作自己将来的事业，他们只是让姚明做自己喜欢的事情。他们希望小姚明和普通的孩子一样读书、上大学、找工作，然后找到自己的生活方式。但姚明最终还是选择了篮球，因为他后来发现自己非常热爱篮球。

姚明、姚明的父母和他当年的老师、教练以及小伙伴都说，其实刚开始他并不喜欢篮球，对当年的他来说，篮球只不过是一种游戏。姚明的父亲姚志源说，小时候，姚明和其他男孩子一样，喜欢枪，后来爱看书，尤其爱看地理方面的书。有一段时间还对考古产生了兴趣，再往后，喜欢做航模，他第一次在体工队拿了工资，就去买了航模回来自己做。再后来就喜欢打游戏机了。但是他自己也知道，游戏只是一种放松和娱乐的方式，并不能沉迷其中。

姚明直到 9 岁的时候，才开始对篮球有点兴趣。到 12 岁时，他已经非常喜欢篮球这项运动了。父母把他送到上海体育学院，他在那每天都要打几个小时的篮球。由于姚明住校，离家的路途比较遥远，这使得他有更多的时间打篮球，他对篮球越发专注了。

在学习上，姚明的父母从来不逼迫姚明，而是以启发引导为主，重视培养他的兴趣。这种方式让姚明享受到了学习的乐趣。长大之后，每当有人问起他的童年，他都会说："我是玩过来的，没人逼迫我学习。"其实，他所谓的"玩"就是读自己喜欢的书，研究所有自己好奇的东西。由于乐在其中，就好像在玩一样。

可见，兴趣对一个人的个性形成和发展、对一个人的生活和活动有巨大的作用。姚明的事迹告诉我们顺其自然的作用。姚明的母亲从不强迫姚明必须做什么，她让姚明尝试做自己喜欢的任何事。她只要求姚明不要做坏事，或者用错误的方式做事。姚明也很懂事，他有自己的人生观，知道该做什么，不该做什么。

其实对当代的青少年来说，学习并不是一件苦差事，只要我们对学习产生兴趣，无论是上课还是写作业都乐在其中，这样学习就成为一种享受了。只要我们把这种"乐"当成习惯，如此顺其自然下去，自然就水到渠成、有所成就了。

第四节　张岱年
——在成长中学习创新

张岱年，字季同，别号宇同，河北沧县人，著名的哲学家、哲学史家、国学大师、北京大学哲学系教授。曾任中国社会科学院哲学研究所兼职研究员、中国哲学史学会会长、中华孔子研究会会长、清华大学思想文化研究所所长等职。张岱年先生 1933 年任清华大学助教，1936 年写成名著《中国哲学大纲》，1952 年调任北京大学哲学系教授，1978 年起张岱年先生担任中国哲学教研室主任。1979 年中国哲学史学会成立，张先生被推为会长。张先生长期从事中国哲学史研究，著作等身，有极高的造诣和广泛的建树。他又是一位诲人不倦的导师，桃李满天下。

述作统一，勇于创新

在《做学问的三个基本方法》一书中，张岱年先生说："文化学术的前进和发展离不开创新。学亦称为学问，这个'问'字有重要意义，治学只有发现问题、分析问题、解决问题，才能称为真学问。如能发现问题、解决问题，就是有所创新。创新即是提出新的观点和理论。"孔子主张"述而不作"，他认为：古人的知识，应当保持原貌而流传下去，如果加入了自己所作的，那么将破坏原有知识的风貌和韵味，所以是不应当有什么创新的。对于孔子"述而不作"的观点，张岱年先生持反对态度，驳斥道：这是一个落后的传统，我们必须要改变它，不但要"述"，更要去"作"。"述"是发展，"作"是创新。我们在思想、文化、学术等方面必须经常发现新问题，提出新观点，发掘新技术，创造新方法，走到世界文明发展的前列。

对于学习，孔子主张要"述而不作"，而张岱年先生则认为述与作要统一。对于这两个全然不同的观点，我们应当何去何从呢？不妨先来品读这样一个小故事：

> 一个刮风下雨的日子，有一个穷人到富人家讨饭。"滚开！"仆人说，"不要来打搅我们。"穷人说："求求你让我进去，我只想在你们的火炉上烤干我潮湿的衣服而已。"仆人以为这不需要花费什么，就让他进去了。
>
> 进去以后，穷人看到里面有个厨娘在洗刷盘子，于是请求厨娘给他一个小锅，说以便他"煮点石头汤喝"。"石头汤？"厨娘说，"我倒想看看你是怎样用石头做成汤的。"于是她就答应了给这个穷人一个小锅。穷人真的跑到外面捡了一块石头，洗干净后放到锅里点起火煮起来。一旁的厨娘很好奇地看着，很久之后忍不住说话了："你煮汤喝总得放点盐吧。"于是她给穷人拿来一些盐。后来，厨娘又觉得缺少很多东西，于是又给穷人拿来豌豆、薄荷、香菜等。最后，又把收拾到的碎肉末都放在汤里。
>
> 看到这里，你也许已经猜到，穷人后来把石头捞出来丢掉，美美地喝了一锅营养丰富的肉汤。如果穷人对仆人说："行行好吧！请给我一锅肉汤。"那么他肯定会被无情地轰走。如果他不说煮点石头汤这句奇特的话，他也不可能喝到肉汤。

其实，这就是创造性思维，也就是我们所提倡的创新。创新并不是只有天才才能做到，创新在于找到新的方法把事情做得更好，取得更大的成功。现在让我们回到原来的话题：在学习中，我们是应该相信孔子的"述而不作"，还是应该相信张岱年先生的"述和作要统一"呢？在如今的社会里，知识更新得非常快，如果我们依旧只是接受原有的知识，而不知道创新的话，那么我们肯定会落后于人。

张岱年先生主张，我们在学习中要善于怀疑原有知识的真假，善于提出问题、分析问题、解决问题，培养创新的精神，这才是正确的观点。在我们的学习中，如果没有创新，我们的知识就将仅限于前辈传授给我们的那么一点东西。只有敢于挑战传统、打破常规、突发奇想，具有创造性思维，才能快速地掌握知识，才能有所作为、取得成功。

张岱年先生曾说："宇宙万象复杂繁衍，在一定意义上可以说是无穷的，因而常有新的现象涌现出来。研究新的问题，探讨新的观点，是学术创新之路，创新是学术发展的关键。"我们在学习的道路上就应该努力创新，去做一个时代的新人，要勇于使自己成为"创始人"。任何著名的学者和科学家，大都是抱着成为"创始人"的精神，才取得巨大成功的。人一生的思考仿佛是一个美丽的花园，而创新则是这个花园中最多彩美丽的花朵。

创造性的治学方法

张岱年之所以在学术上创见频出，建树卓著，是与其秉持科学的治学方法分不开的。张岱年将其治学方法总结如下：

第一，学术要注意分门别类。学术有许多门类，比如有人文社会科学，有自然科学。自然科学与人文社会科学又分许多学科。学术的总目的是追求真理，追求对自然界与人类社会的正确认识。各门学科各有一定的方法，彼此不同；但是各门学科也有一些基本方法是彼此相同的。要有自己独到的眼光，去发现其中的关联。

第二，不墨守成规，要有自己创见性的思考。孔子曾说："学而不思则罔，思而不学则殆。"这句话无疑是正确的。"学"是接受已有的知识，"思"是独立思考。学而不思，只知接受已有的知识而不进行独立思考，则将迷惘而无所得。思而不学，不接受已有的知识，则将陷于荒谬。研究学问，一方面要继承前人已经达到的成果，另一方面又要从事独立思考，发前人所未发，取得新的成果。学是基础，思是在学的基础之上进一步独立思考，以达到前人所未达到的更高境界。时至今日，前人做出的成果已有很多很多。然而宇宙万象是无穷无尽的，人对于人类社会生活的认识亦有待提高。因此，思与学都是没有止境的。

第三，知行合一。这里的"知"是认识，"行"是实践。知行合一即是认识与实践的统一。实践是认识的基础，又是判断认识正确与否的标准。张岱年先生认为，学习要做到知与行的统一，才能更好地应用。

王阳明的"知行合一"是唯物论的基本观点。研究学问，应该从实际出发，最后更要以实践加以检验。自然科学以实验室的实验为依据，社会科学的实验则复杂得多。述与作的统一即是继承与创新的统一。文化学术的发展离不开创新。对于前人已经发现的真理必须加以继承，不了解前人已经达到的成就，也是一种盲目性。学亦称为学问，这个"问"字有重要意义，治学只有发现问题、解决问题，才能称为真学问。

第五节　钱穆
——在自学中快速成长

钱穆，江苏无锡人，字宾四，笔名公沙、梁隐、与忘、孤云，晚号素书老人、七房桥人，斋号素书堂、素书楼。九岁入私塾，1912 年辍学后自学，任教于家乡的中小学。1930年因发表《刘向、刘歆父子年谱》成名，被顾颉刚推荐，聘为燕京大学国文讲师，后历任北京大学、西南联大、齐鲁大学、武汉大学、华西大学、四川大学、江南大学教授。

钱穆先生是我国现代著名的历史学家、国学大师，同时也是一位孝道的楷模。钱穆说：孔子教人学为人，即学为"仁"。要做到"仁"就要先做到"孝"，孝是仁爱的根源，更是一种生存的策略。

自学是读书不可或缺的能力

自学能力，是一个人按自己的意图、依靠自己的力量去主动获取知识的能力。它包括阅读、理解能力，也包括查找和积累文献资料以及运用工具书的能力。自学能力能帮助我们根据科学研究的需要，及时地获取信息及处理信息，充实自己的文化知识及调整自己的知识结构。钱穆就是自学能力极强的一个人。

钱穆的故乡在江南水乡无锡的七房桥。父亲钱承沛考中秀才后，因体弱多病，无意科名。但对两个儿子却寄予厚望，希望他们能读书入仕。钱穆7岁那年，被送到私塾读书。12岁时，父亲撒手尘世。孤儿寡母，家境贫困不堪。母亲宁愿忍受孤苦，也不让孩子辍学，于是钱穆得以继续就读。

无锡荡口镇果育学校是辛亥革命前无锡开风气之先的一所典型的新式学校。学校师资力量极佳，既有深厚旧学根底的宿儒，又有从海外学成归来具有新思想的学人。当时的体操教师是21岁的钱伯圭，曾就读于上海南洋公学，思想激进，系当时的革命党人。他见钱穆聪敏早慧，就问他："听说你能读《三国演义》？"钱穆作了肯定的回答。老师便借此教诲道："此等书可勿再读"。

此书一开首即云"天下合久必分，分久必合，一治一乱，此乃中国历史走上了错路，故有此态。若如今欧洲英、法诸国，合了便不再分，治了便不再乱。我们此后正该学他们"。此番话给小小年纪的钱穆以极大的震动，于是他自己主动去搜集一些资料，学习了解世界各国的国情和文化。日后他在回忆此事时说："余此后读书，伯圭师此数言常在心中。东西方文化孰得孰失，孰优孰劣，此一问题围困住近一百年来之全中国人，余之一生亦被困在此一问题内。"

后来钱穆到南京私立钟英中学就读。但是不久，就爆发了推翻清王朝的武昌起义。学校停办，钱穆被迫辍学。他自知家贫，升学无望，虽"心中常有未能进入大学读书之憾，但并没有因此而意志消沉。矢志自学，闭门苦读。年十八岁，即辗转乡村，执教谋生"。十年乡教，十年苦读，十年求索，为他以后的学术研究奠定了深厚扎实的基础。这十年中，他在国学的研究方面成果也不少。后来，他又在朋友的介绍下，开始在无锡、苏州等地的中学教书著述，在刊物上发表了不少学术文章。

钱穆先生是中国少有的一位没有上过大学，却登上北大、耶鲁名校讲堂的国学大师。他是个地地道道靠自学苦读成才的"土产"学者。他出身贫寒，早年体弱多病，生活飘零，然而他自强不息、奋斗不已，最终成为一代"国学通儒"。他先后在小学、中学、大学任教，最后创办大学。他的治学范围涉及史学、文学、哲学、文化学、政治学、教育学、历史地理学、史学史、思想史、文化史、制度史，所以他又被称为"百科全书式"的学者。但他的最高学历仅为高中肄业，他之所以能够取得后来的骄人成就，全靠不懈的刻苦自学。

钱穆不幸生在一个动荡的年代，但他仍然刻苦自学，终于成为一代国学大师。对于处在和平时代、拥有美好生活的我们来说，这无疑是一个极为深刻的人生启示。自学对于钱穆来说，是一种自我提升的方式，而对于拥有学校教育大好机会的我们来说，也是一种需要重视的学习方法和生存技能。

自学非伟人独有的品质

晚清以来，随着社会历史条件的深刻变化和大规模的西学东渐，"诸子"之学的研究逐渐兴起。特别是"五四"前后，诸子研究蔚然成风。钱穆早年步入学术之门，也是在这一背景下。钱穆从子学入手，研究先秦诸子思想及诸子事迹考辨，最终完成了中国近代学术史上的名作《先秦诸子系年》。

这部著作对先秦诸子年代、行事及学术渊源，以及对战国史的研究，都做出了极大的贡献，深得学术界的好评。陈寅恪称其"极精湛，心得极多，至可佩服"。顾颉刚则称赞其"作得非常精炼，民国以来战国史之第一部著作也"。当时年长钱穆3岁的顾颉刚，已是中国学术界大名鼎鼎的人物，虽与钱穆素昧平生，但读《系年》稿后，对他的史学功底和才华大加赞赏，并说："君似不宜长在中学中教国文，宜去大学中教历史。"后来因顾颉刚的鼎力相荐，他离开乡间，北上燕京大学，开始任国文系讲师。钱穆最高的文凭仅为高中（尚未毕业），能够获得今天的成就，完全是靠自学成才的。

综观古今中外有作为的人士，他们中有许多人并未进过正规的学校受过正规的教育，但他们却通过自学最终取得了卓越的成就。英国化学家道尔顿只在落后的乡村学校读了几年书，全靠坚持不懈的自学成为近代化学的奠基者、原子学说的创始人。美国大发明家爱迪生只上过三个月的小学，但他一生中却取得了1000多项发明。我国的数学家华罗庚早年在杂货店当学徒时，数学底子并不好，他完全是靠自学才成为举世闻名的大数学家的。

自学并不是伟人独有的素质，普通人通过刻苦自学也会一步步与伟人接近。

有个农村孩子，16 岁中学毕业后就到深圳去打工。在建筑工地上，他整个白天在太阳底下筛沙子，有时晚上还加班加点。就是在这样艰苦的条件下，他吃饭时面前总要摆本书，只要有空，他就把兜里的书拿出来看，勤学不辍。节假日，其他的打工仔要么三五个聚在一起搓麻将、打扑克，要么出去玩，而他设法利用这些时间来自学。当那些打工仔打哈欠、伸懒腰时，他却不失时机地做事、进步，他坚信，珍惜时间会使他获益匪浅，而虚掷光阴只会让他碌碌无为。

读书、做事之余，他试着写诗，向报纸杂志社投稿。稿件被一次次退回来，但他并不气馁，他知道，是自己学得不够，工夫没有用到点子上。他依旧见缝插针地做事。功夫不负苦心人，他的一首小诗终于在一家杂志上发表了，从此，他走上了文学之路，一部部作品被相继采用。回到家乡后，他被当地文联聘为特约编辑。

现代社会是文化多元、环境复杂的社会，要求人们有独立思考的能力。人们在当今知识总量成倍速度递增的前提下，要赶上信息时代的步伐，自学能力的培养是关键。有了自学能力，无论知识更新的周期如何加快、科学技术综合化的趋势如何强烈，都可以运用自学能力去掌握知识，获得独立思考的能力。

人的自学能力不是与生俱来的，而是后天培养形成的。其实，做任何事情都是需要一个渐变的过程的，只要持之以恒，坚持每天学一点新的东西，就能培养出自学能力，使自己永远紧跟时代发展的步伐。

第六节 本田宗一郎
——不断跨越以往的自我

本田宗一郎出生于静冈县磐田郡光明村打铁匠本田仪平家中，为家中长子，日本本田技研工业株式会社创始人，世界著名的企业家、日本实业家、工程师。本田宗一郎出身贫寒，自幼对机械就特别迷恋。20世纪 60 年代初，本田宗一郎开始进军汽车行业。1980 年底，本田宗一郎获得美国机械工程师学会颁发的荷利奖章，成为继亨利·福特后世界上第二个荣获该奖章的汽车工程师，与索尼公司的井深大作为日本战后技术型企业家而享誉全球。

靠发明技术创造奇迹的传奇人物

现在，不知道本田的人基本不多，从本田摩托到本田汽车，它们奔跑在世界的各个街道，在给人们带去了速度和快乐。本田公司是世界上最大的摩托车生产厂家，汽车产量和规模也名列世界十大汽车厂家之列，在全球汽车业中很有名气，资产额达 300 亿美元，年销售额近 400 亿美元。而本田之所以会有今天的成就，本田的创始人有着不可磨灭的功劳，他就是本田宗一郎。正是在这个天才发明家的带领下，本田才不断地前进，一直处于世界领先地位，有了今日的辉煌。而本田宗一郎则成为整个日本的传奇人物，被称为"日本的福特"。

1906 年 11 月 7 日，本田宗一郎出生于日本静冈县的一个铁匠之家。乡村的偏僻和家境的贫寒使本田宗一郎小学刚毕业就必须自谋生计。他没有听从父亲的安排子承父业，而是自己一个人来到繁华的东京寻找属于自己的广阔天空。

本田宗一郎从小就迷恋机器，尤其是对汽车更为着迷。为实现摆弄汽车的愿望，他应聘到一家汽车修理厂做了帮工。帮工生活坚持了 6 年，本田宗一郎最终全面掌握了汽车的修理技术。1928 年，22 岁的本田宗一郎自立门户成立了一家汽车修理店。从那以后，本田宗一郎又改修理店为以制造汽车零部件为业的工厂，起名为东海精密机械公司。没有意料到的是一场大地震毁坏了东海精机的全部厂房和机器。

然而善于捕捉商机的本田宗一郎却绝处逢生，作为一个技术员出身的实业家，本田宗一郎不仅有特别旺盛的创造热情和创新能力，而且还有种与众不同的超凡预见能力及勇于冒险精神。他明白只有使发动机有力、性价比高、耐用，才能提高所产摩托车的销量，为此进行了数百次试验，最终他利用微型发动机组装摩托车，并成功地研制出 A、B、C、D 型四种发动机。1947 年底，本田公司正式成立。1949 年，完全由本田宗一郎自己研制的第一辆被命名为"理想号"的本田摩托车诞生了，这是本田跨出成功的第一步。

此后，本田宗一郎不断创新技术，一切从用户利益着想，研制出高功率、高性能、低污染的几代摩托车产品，逐步占领并风靡日本以及美国、英国等海外市场。1961 年，本田赛车在 IT 世界超一流摩托车大赛中获得冠军，本田公司生产的摩托车跻身世界最先进技术行列。

面对登峰造极的成功，勇于开拓的本田宗一郎决定利用参加 F1 汽车大赛来攀登第二座更艰险的高峰。经过不懈的努力，1965 年本田赛车夺得了墨西哥 F1 大赛的冠军。此后，凭借低公害发动机 CVCC 的研制成功，本田在汽车行业同样取得优异的成绩。

同其他蜚声全球的企业家相比，本田宗一郎完全是靠技术取得成功的。本田摩托车受到广大用户青睐，主要是因为其技术总在不断革新，始终代表国际先进水平，本着为民众服务的理念，并且型号种类齐全，能够满足各种用户各种需求；本田汽车也因其高技术低公害发动机的开发成功，独具特色地立于世界汽车之林。而这一切主要是创始人本田宗一郎的功劳。这位被誉为"摩托之父"的产业巨子虽不如松下幸之助那样擅长企业经营，却是位伟大的发明家，这位只受过小学文化教育的人却获得了 150 多项专利。

美国机械工程师学会设有一种荷利奖，专门用于奖励那些在机械工程领域做出过杰出贡献的人。到现在为止，该奖项一共颁发过两次，1936 年奖励了被称为"汽车大王"的美国人亨利·福特，1980 年就奖励了本田宗一郎。据此，人称本田宗郎为"日本的福特"。

本田宗一郎在对别人讲述自己的成功经历时曾经说过，想要成功地做一件事，尝试了不一定就能成功，但是不尝试就一定不会成功。仔细想想，这句话不仅对成功人士起作用，对广大青少年来说同样非常有道理。

青少年生活在这个世界上，总会遇到一些挫折，只要勇于尝试，尽力去克服困难，去进行顽强的斗争，经历过风雨之后，总会取得优秀的成绩。相反，不敢去尝试就不会有机会，而成功也会和你渐行渐远。

坚定信念，超越自我

浩瀚的沙漠中，一支探险队在艰难地跋涉。骄阳似火，烤得探险队员们口干舌燥，挥汗如雨。最糟糕的是，他们没有水了。水是他们赖以生存的信念，信念破灭了，一个个像塌了架，丢了魂，不约而同地将目光投向队长。这可怎么办？

队长从腰间取出一个水壶，两手举起来，用力晃了晃，惊喜地喊道："哦，我这里还有一壶水！但穿越沙漠前，谁也不能喝。"

沉甸甸的水壶从队员们的手中依次传递，原本那种濒临绝望的脸上又显露出坚定的神色，一定要走出沙漠的信念支撑他们踉跄着、一步一步地向前挪动。看着那水壶，他们抿抿干裂的嘴唇，陡然增添了力量。

终于，他们死里逃生，走出茫茫无垠的沙漠，大家喜极而泣之时，久久凝视着那个给了他们信念支撑的水壶。

队长小心翼翼地拧开水壶盖，缓缓流出的却是一缕缕沙子。他诚挚地说："只要心里有坚定的信念，干枯的沙子有时也可以变成清冽的泉水。可见，由于有了这壶'水'，每个人都能够超越自我！"

黑人领袖马丁·路德金说："这个世界上，没有人能够使你倒下。如果你自己的信念还站立着的话。"是的，即使在最困难的时候，也不要熄灭心中信念的火把。有了这股信念，我们就能变得比昨天的自己更强。

所以，不管什么事情，你不去做就不知道是否能成功。实际上很多时候成功就掌握在自己手里。作为当代的青少年，我们要像本田宗一郎那样，像马丁·路德金那样，像那些穿越了沙漠的人那样，坚定信念，努力尝试，不断跨越自我。

第 6 章

洒脱人生：咀嚼生活的真味

生命是一个享受的过程，人活一世，当然不能毫无意义的赤条条来去，我们要好好地咀嚼这多味的人生。懂得安慰自己，过洒脱人生最重要的是：别总是自己跟自己过不去；用心做自己该做的事；不要过于计较别人的评价；每个人都有自己的活法；喜欢自己才会拥抱生活；不必一味讨好别人；木已成舟便要顺其自然；不妨暂时丢开烦心事；感觉幸福就是幸福……

第一节　辜鸿铭
——看开一些，幸福就多一点

辜鸿铭，字汤生。我国著名的国学大师，为中国传统文化的传播做出了卓越的贡献，除多部译著外，先生还著有《中国人的精神》《心灵生活》等多部著作。20 世纪初，西方曾流传这样一句话：到中国可以不看三大殿，不可不看辜鸿铭。辜鸿铭先生在《心灵生活》一书中提出：中国人最优秀的特质是他们过着心灵的生活，像孩子一样生活时，却具有为中世纪基督教徒或其他任何处于初级阶段的民族所没有的思想与理性的力量。他将成年人的智慧与孩子般的纯真完美地结合在一起，过着一种"心灵的生活"。

洒脱是最可贵的生活态度

辜鸿铭曾经说自己很喜欢孔子这句话："不怨天，不尤人。下学而上达。知我者其天乎！"他说："孔子的人生是旷达的，他能够甩开名利之累，退而闲居，做到凡事豁达、洒脱，以此追求一种真正心灵的生活。"凡事看开点，那么人生处处都能感到幸福，反之即使幸福降临也是体会不到的。

有这样一个小故事：

三伏天，禅院的草地都枯黄了。

"快撒点草籽吧。好难看啊！"小和尚对师父说。

师父挥挥手："随时！"

中秋，师父买了包草籽，叫小和尚去播种。秋风起，草籽边撒边飘。

"不好了，好多种子都被吹走了。"小和尚喊道。

"没关系，吹走的撒下去也发不了芽，因为他们多半是空的。"师父说，"随性！"

撒完种子，跟着就飞来几只小鸟啄食。

"要命了，种子都被鸟吃了！"小和尚急得直跳脚。

"没关系，种子多，吃不完！"师父说，"随遇！"

半夜一阵骤雨，小和尚一大早冲进禅房大喊："师父，这下真完了，好多草籽被大雨冲走了！"

"冲到哪儿，就在哪儿发芽。"师父说，"随缘！"

一个星期过去了，原本光秃秃的地面，居然长出许多翠绿的小草。一些原来没播种到的角落，也泛出了绿意。小和尚高兴得直拍手。

师父看后点点头说："随喜！"

随不是跟随，是顺其自然，不怨恨、不躁进、不过度、不强求；随不是随便，是把握机缘，不消极、不刻板、不慌乱、不忘形。

不要幻想生活总是那么圆圆满满，也不要幻想在生活的四季中享受所有的春天，每个人的人生都注定要跋涉沟沟坎坎，品尝酸甜与无奈，经历挫折与失意。

在漫漫旅途中，失意并不可怕，受挫也无须忧伤。只要心胸开阔，心性豁达，即使风凄雨冷，即使雷电交加，也总会有过去的时候。艰难险阻是人生对你另一种形式的馈赠，风风雨雨也是对你意志的磨砺和考验。落英在晚秋凋零，来年又灿烂一片；黄叶在秋风中飘落，春天又焕发出勃勃生机。这何尝不是一种坦然，一种洒脱，一份人生的睿智，一份人情的练达。

看透了，看穿了，人的思想就获得了自由和解脱，从斤斤计较的小圈子里走出来，不在小事情上浪费自己的精力，而能务其大者、远者，创造人生的远景宏图。人生旷达了，心智自然也就不会疲惫，就不会活得那么拘谨和痛苦。区区小事不能给你带来烦恼，不快乐的经历也不能使你怨天尤人。

洒脱不是玩世不恭，更不是自暴自弃，洒脱是种思想上的淡然，洒脱是种目光的超前。有洒脱才不会终日郁郁寡欢，有洒脱才不觉得人生活得太苦。懂得了这一点，我们才不至于对生活求全责备，才不会在受挫之后彷徨失意。懂得了这一点，我们才能挺起刚劲的脊梁，披着温柔的阳光，找到充满希望的起点和光明。

智者乐水，仁者乐山

曾经有人向辜鸿铭请教"智者乐水，仁者乐山"这句话的含义，先生解释道："智者也就是聪明人，聪明人通情达理，反应敏捷而又思想活跃，性情好动，就像水不停地流一样，所以借水来比拟；仁者也就是仁厚的人，仁厚的人安于义理，仁慈宽容而不易冲动，性情好静，就像山一样稳重不迁，所以山是最合适的比喻。"

圣人看见山，就如同看见了自己的外化。像山一样如此瑰丽的外化，因此"仁者乐山"，这是必然的。智者像水一样流动，曲折柔顺，生生不息。智者除了像水的流动外，还像水一样多情，他的人生充满欢喜和欣慰。因此，"智者乐水"是他成为智者后的必然状态。

像这种寄情山水的行径，它不是逃避，也不是阿 Q，而是教给自己凡事看轻、看淡、看开一点，才能多一些幸福感。

智者从不纠结于自己的烦恼和苦闷，他们把世间的事情看得很开，参悟得很透彻。即使"人生不如意事常八九"，但他们能够做到"只想一二"如意事。智者们在喜乐自身的同时，对世人充满悲悯之情，他们身上背负着播种欢乐的使命。

有人问希腊智者欧里庇得斯："为什么普通人智慧不多？"欧里庇得斯答道："智慧是由悲苦换来的，经历的悲苦越少获得智慧越少，悲苦越多获得智慧就越多，因此我们的智慧里总是充满怜悯。"

儒家说"仁义"，佛家说"慈悲"，道家说"贵生"，墨家说"兼爱"，这些理论都充满着人性关怀。

生活本是丰富多彩的，除了工作、学习、赚钱、交友，还有许许多多美好的东西值得我们去享受：可口的饭菜，温馨的家庭生活，蓝天白云，春花夏叶，飞溅的瀑布，浩瀚的大海，雪山与草原，乡村与田园，久远的化石……此外，还有诗歌、音乐、沉思、友情、谈天、读书、旅游探险、喜庆的节日，甚至工作和学习本身也可以成为享受。

如果我们不是太急功近利，不是单单为自己的利益，我们的辛苦劳作也会变成一种优雅的乐趣。让我们把眼光从"图功名"、"治生产"上稍稍挪开，去关注一下上帝给予我们生命、生活中的这些美好事情吧。

我们会学习、会工作、会处理困难，但如果凡事看不开，不会真正地享受生活，那么，这对于我们来说是人生的一大遗憾。学会享受和欣赏如山水般充满诗意与智慧的"心灵生活"，真正去领会生活的诗意、生活的乐趣，擦亮我们的眼睛，去发现生活中的美好，这样我们工作、学习起来，也就会感到充实而更有意义了。

第二节　赵元任
——生活是跳动的音符

赵元任，汉族，字宣仲，又字宜重，江苏武进（今常州）人，生于天津。主攻现代方言学、中国音韵学、普通语言学等，取得了举世瞩目的成就，曾当选美国语言学学会主席、美国东方学会主席，被称为我国的"语言学之父"。曾任清华大学教授，与梁启超、王国维、陈寅恪一起被称为清华"四大导师"。

大多数人所熟知的赵元任先生，是国际知名的语言学大师，是中国现代语言学的奠基者之一。他一生创作过一百多件音乐作品，包括声乐和器乐。

生活像音符一样美妙

赵元任先生是国际著名的语言学大师，会说 33 种汉语方言，并精通多国语言。他更是中国现代语言学的奠基者之一，被称为"中国语言学之父"，为语言学的发展做出了突出的贡献。赵元任先生还雅好音乐，曾专攻和声学与作曲法，精通多种乐器，毕生都与钢琴为伴。他一生创作过 100 多部音乐作品，包括声乐和器乐。他跟他的女儿们凡有机会聚在一起，就组成一个家庭合唱团，分声部地练习他的新作或旧作。难怪人们说，音乐是他的生活乐趣所在，也是他生命的组成部分。

好的音乐的确令人永世难忘。人的一生，会为了生存等各种事情而奔波劳累，如果仅止于此，生活将会是单调而乏味的。世界本身丰富多彩，自然的山水、人间美妙的艺术，都会让自己的灵魂得到净化和陶冶。音乐是一种细腻而丰富的艺术表现形式，它对人的智力提高和情操陶冶方面都有很大的作用。孔子在齐国听到《韶》乐，沉浸在那曼妙的境界，三个月都食不甘味，他说："想不到音乐之美，竟能到如此境界啊。"

古时，人们在进行强体力劳动时，为了降低精神上的负担，发出"嗨唷！嗨唷！"的声音，特别是在集体劳动时，用歌唱的节奏来统一步伐和着力点，就这样产生了劳动号子。再如持续时间较长的重复性劳动，为避免单调及精神上的疲劳，人们也会自然地发出种种歌声来调剂精神。如采茶、放牧、摇船、捕鱼等，虽节奏并不一定与劳动动作合拍，但因有了歌唱的调节，也会使人感到轻松和减少寂寞感、枯燥感、孤独感。

研究发现，音乐还有促进人们智力发育的作用。它的主要作用是通过音乐来锻炼人们的想象力，促进思维能力的发展，使五官四肢灵敏和谐，在熟练迁移、触类旁通的作用下，对音乐以外的其他学科的感知和研究，也有着促进作用。

音乐对人们的道德、意志、品格、气度来说，也会有"随风潜入夜，润物细无声"的影响。虽然不能完全像我国古代儒家那样，把音乐艺术对道德的作用提升到相当高的地位，但多听高尚的音乐，确实会使人们的情趣高尚起来；多听铿锵雄壮的声音，也会使人们的意志坚强起来，情绪高昂起来。

其实无论是音乐还是其他艺术形式，都是我们生活中美好的存在。试着让自己与音乐对话，与艺术对话，让自己在凡尘世俗中疲惫的身心得到放松，让心灵得到净化，从而能更多地感受到生活的美好。

生命的乐曲应当简单柔和

赵元任先生一生学术成果卓越，精通文理，曾获美国康奈尔大学理学士学位，获哈佛大学哲学博士学位。他在数学、物理学、中国音韵学、普通语言学、中国乐谱乐调以及音乐方面都有很高的造诣。赵元任先生曾与梁启超、王国维、陈寅恪一起被称为清华"四大导师"，1929 年被中央研究院聘为历史语言研究所研究员兼语言组主任。作为国际语言学大师，更被称为"中国语言学之父"。盛名之下，曾有很多人钦佩和羡慕他所取得的成就，但赵元任先生却不以为然，他说只要内心里简简单单、不为世俗所累，心里平静柔和，就是最幸福的事了。

古人有句话叫"大道至简"，用今天的话来说，就是"越是真理的就越简单"。智者的简单，并非因为贫乏或缺少内容，而是繁华过后的一种觉醒，是一种去繁就简的意境。简单的过程是一个觉悟的过程。大道至简，健康的人生一定是一个去繁就简的人生。的确，幸福与快乐常常源自于内心的简约——简单使人宁静，宁静使人开心。

生命各有各的快乐，在于不同个体对各自生活的一种简单的满足。不要被世俗的绳结羁绊，听从内心真切的呼唤，便能享受属于自己真正的幸福。

龙王与青蛙一天在海边相遇，打过招呼后，青蛙问龙王："大王，你的住处是什么样的？"

"珍珠砌筑的宫殿，贝壳筑成的阙楼，屋檐华丽而又气派，厅柱阔气而又漂亮。"龙王反问了一句，"你呢？你的住处如何？"

青蛙说："我的住处绿藓似毡，绿草如茵，清泉潺潺。"

说完，青蛙又向龙王提了一个问题："大王，你高兴时如何？

生气时又怎样？"龙王说："我若高兴，就普降甘露，让大地滋润，使五谷丰登；若发怒，则先吹风暴，再发霹雳，继而打闪放电，叫千里以内寸草不留。那么，你呢？青蛙！"

青蛙说："我高兴时，就面对清风朗月，呱呱叫上一通；发怒时，先瞪眼睛，再鼓肚皮，最后气消肚瘪，万事了结。"

人活在世上都要扮演一定的角色，可能是"龙王"，可能是"青蛙"。即使生活很简单，也会有属于自己的乐趣。

有些人，他们满足，因为他们没有奢望生活过多的给予；他们简单，不用在人前掩饰什么，然而真正快乐的就是这么一群简单的人。人之所以不快乐，就是因为不能活得单纯。对于现阶段的青少年来说，不用去刻意期盼什么，不用向生命索取什么，不用为了什么去给自己塑造形象，其实，简单本身就是一种幸福。生命犹如一篇乐章，越是简单的音符，越能调奏出平静和美的乐章。

第三节　梁实秋
——在生活中寻找乐趣

梁实秋，号均默，原名梁治华，字实秋，笔名子佳、秋郎、程淑等。中国著名的散文家、学者、文学批评家、翻译家，国内第一个研究莎士比亚的权威。祖籍中国浙江杭县（今余杭），出生于北京。代表作有散文集《雅舍小品》，译著《莎士比亚全集》，编著《英国文学史》。梁实秋先生是一个性格温和的国学大师，他13岁便考入了清华大学，博古通今，精通多国语言，他编著的《远东英汉大词典》、翻译的《莎士比亚全集》让读者受益无穷。他将自己的书斋取名"雅舍"，并在这"雅舍"中上演了一幕红透文坛半边天的"小品"。

雅舍谈吃，寻求生活的趣味

梁实秋先生在《雅舍谈吃》中曾写道："取热饭一碗，要小碗饭大碗盛。把蒜酱抹在菜叶的里面，要抹匀。把麻豆腐、小肚儿、豆腐松、炒白菜丝一起拌在饭碗里，要拌匀。把这碗饭取出一部分放在菜叶里，包起来，双手捧着咬而食之。吃完一个再吃一个，吃得满脸满手都是菜汁饭粒，痛快淋漓。"

从中我们可以看到，这种吃法里面蕴藏了一种热爱生活、享受生命的精神内涵，正是这种内涵，用无限的生活热情和优雅的韵味，把口腹之欲和高雅文学拉得很近。

无论面对什么人，只要说到关于吃的话题，总是会有滔滔不绝的回应。不同的人对于吃的感受和心得是不同的：饥饿者想到果腹，庸俗者想到口腹之欲，普通人想到最爱的食物。现在人们的生活水平提高了，"吃"早已超出了果腹的层面，更多的是一种生活的味道。而对于梁实秋先生来讲，"吃"还有更深层的含义，他曾经说过："馋，则着重在食物的质，最需要满足的是品味。上天生人，在他嘴里安放一条舌头，舌上有无数的味蕾，教人焉得不馋？馋，基于生理的要求，也可以发展成为近于艺术的趣味。"

其实，中国历史上有关名士与吃的话题一向很多，东坡肉、宫保鸡丁、鱼香肉丝，都是有典故的。今天我们来看这些菜名，仿佛它们已经完全没有了世俗的外衣，而包上了一层精致的华服。确实，文人一旦遇见美食，久而久之就会把"醉翁之意不在酒"的情趣带上餐桌。虽说"吃的艺术"不能脱离吃而存在，但也不能为吃所局限，而是要在吃的过程中体现优雅情趣，体现一种风流高雅的名士风度。

现代人生活节奏加快，吃饭对于很多人来说，仅仅成了一种必须完成的"工作"，而完全忘记了吃饭的趣味。一位年轻人在求职的过程中曾遇到过这样一件事：

硕士毕业后，小王自信满满地到一家大型企业去求职，例行的专业考核通过后，由总经理亲自面试。小王事先曾准备了许多可能会问到的问题的答案，没想到总经理第一句话说的却是："咱们聊聊家常，你平常都爱吃什么食物啊？"小王愣了一下，随即答道："我这人对吃没什么要求，平时能吃饱就好了。"经理又问："那你会做饭吗？平常有什么爱好呢？"小王不假思索地答道："我觉得做饭很浪费时间，所以平时不做饭。我也没有什么兴趣爱好。有这个时间，我宁愿多做些工作。"小王自认为自己回答得非常好，完全体现了自己专注工作的优点。

谁知后来小王得知自己并未被录用。小王百思不得其解，向那位总经理打电话询问，对方非常认真地告诉他：我们认为，一个不喜欢美食又没有什么兴趣爱好的人，很难说是一个热爱生活、懂得品味生活的人，那么他也很难在工作上做出富有创意的成就。

其实，喜欢吃什么不重要，重要的是对待吃这个问题的风度和气质，从中我们可以看出一个人对生活的态度。在繁忙的学习、工作之余，我们要静下心来，慢慢地品味生活，体验生命中的每一点欣喜与感动，让生命和心灵永葆一种积极主动的状态，这种心态对于我们保持和谐的身心状态，甚至是缓解来自各方面的压力，无疑是有很大的积极作用的。

生活面前要有一颗感恩的心

"感恩"是一个舶来词，"感恩"二字的意思是"乐于把得到好处的感激呈现出来且回馈给他人"。"感恩"是种认同，是对世间万物的深切认同。"感恩"更是一种回报。

梁实秋先生是一个非常懂得感恩的人。他总是用一颗感恩的心去对待生活，因而总能发现生活的美好和乐趣，他的散文集《雅舍小品》堪称一部趣味生活集。梁实秋先生与发妻程季淑女士相伴几十年，伉俪情深，但晚年爱妻不幸去世，这令日近黄昏的梁实秋深受打击，但他仍怀着对生活的美好希望，仍用感恩的心态去看待生活。

后来他在 71 岁高龄时又遇到生命中的第二个红颜知己韩菁清女士，虽然这段婚姻并不为世俗所理解，但对梁实秋来说这是生活给予他的福泽，他在这种感恩之情中度过了生命中最后的幸福时光。

真正的感恩并不仅仅限于在顺境的情况下，而是无论在何种情况下，都能用一颗感恩的心去对待我们的生活，我们的顺境和困境。

说起感恩，人们不免会想起史蒂芬·霍金，这位科学大师永远深邃的目光和宁静的笑容总是能浮现在我们眼前，给我们力量。世人推崇霍金，不仅仅因为他是睿智的英雄，更因为他还是位人生的斗士。

有一次，在学术报告结束之际，一位年轻的女记者走上讲坛，面对这位已在轮椅上生活了 30 余年的科学巨匠，深深敬仰之余，又不无悲悯地问："霍金先生，卢枷雷病已将你永远固定在轮椅上，你不抱怨命运让你失去太多了吗？"这个问题问得显然有些突兀和尖锐，报告厅内顿时鸦雀无声。

霍金的脸庞却依然充满恬静的微笑，他用还能活动的手指，艰难地叩击键盘，于是，随着合成器发出的标准伦敦音，宽大的投影屏上缓慢而醒目地显示出如下一段文字：我还有能活动的手指，能有思维的大脑，有自己的追求，有我爱的人和爱我的人，我还有颗感恩的心，我为什么要抱怨呢？

生活就是这样，你对它笑，它也对你笑；你对它哭，它便会对你哭。只要有颗感恩的心，你就会受益终生。你会觉得你所拥有的就是最好的，也不再在乎成败得失，在你的眼中只有欢乐，没有忧伤和不幸，这才是人生所能达到的最高境界。心存感恩，即使在生命垂死之处，也会有清泉涌出，给予你活力。

感恩之心是我们每一个人不可或缺的精神食粮。无论你是尊贵还是卑微，无论你生活在何地、何处，或是你有着怎样的生活经历，只要常怀感恩的心，就必然会不断地涌动着诸如温暖、自信、友爱、善良等这些美好的处世品质，而这一切又必将让我们拥有一个丰富而充实的生命。

第四节　杨澜
——抓住生活中的机遇

杨澜，女，生于北京。中国著名资深电视节目主持人。曾在中央电视台担任电视栏目主持，以极具亲和力的主持风格备受广大电视观众的喜爱。从1990年起，与赵忠祥一同主持中央电视台《正大综艺》节目并为大家熟知。现主持多档谈话节目，如采访类节目《杨澜访谈录》及女性类节目《天下女人》。曾被评选为"亚洲二十位社会与文化领袖"、"能推动中国前进、重塑中国形象的十二位代表人物"、"《中国妇女》

时代人物。现在她是阳光媒体投资控股有限公司主席。

不是"怀才不遇"，而要抓住机遇

杨澜不认为自己是有才华和极聪明的人，但她用自己的辛勤和汗水在关键时刻抓住了机遇，最后取得了到成功。

上中学时的杨澜并不是那种聪慧过人的女孩，当然也就不是那种巧解难题的高手，她颇为自诩的是：考试时基本上是得满分，地理、历史这种需要死记硬背的科目，随便问哪道题，她马上就能说出是在哪一页上。凡是老师布置的作业，每一次都完成得仔仔细细。

上了大学之后的杨澜骨子里是一个不自信的人。你能相信杨澜曾经因为听力课听不懂而特别沮丧吗？那时好多同学听力能得A，杨澜老是得A-，B+什么的，这让她非常伤心，每天晚上都在日记里写上："明天开始我要有一个全新的开始，一定要充满信心地把自己的听力提高上去。"但是第二天上听力课，还是听不懂。妈妈非常害怕杨澜因为挫折感太强得了自闭症。半年多之后，杨澜的听力慢慢上来了，她才恢复了信心。她说："我很羡慕周围生活中那些棱角更分明，更有创见和个性的人。""我经常觉得自己不是一个有才华和极端聪明的人。"

26岁的时候，杨澜远赴美国哥伦比亚大学，就读国际传媒专业。异国他乡的生活比想象中的要艰苦许多。有一次，杨澜写论文写到半夜两点钟，好不容易敲完了，没有来得及存盘，电脑就死机了。杨澜当时就哭了，不知道第二天交不了论文该怎么办。宿舍周围很安静，除了自己的哭声，只有宿舍管道里的老鼠在爬来爬去。但最后，她还是擦干眼泪，把论文完成了。谈起这段生活，杨澜说："有些人遇到的苦难可能比别人多一点儿，但我遇到的困难并不比别人少，因为没有一件事是轻而易举的，需要经历的磨难委屈，一样也少不了。"

虽然如此，但这段生活给杨澜带来的收获要远比磨难多。从此她的视野变得开阔得多了，更亲身接触到了许多成功的传媒人才和先进的传媒理念。她利用业余时间，与上海东方电视台联合制作了《杨澜视线》——一个关于美国政治、经济、社会和文化的专题节目，这是杨澜第一次以独立的眼光看世界。她同时担当策划、制片、撰稿和主持的角色，实现了自己从最底层"垒砖头"的想法。40集的《杨澜视线》发行到国内52个省市电视台，杨澜借此实现了从一个娱乐节目主持人向复合型传媒人才的过渡。

培根说："一方面，幸运与偶然性有关——例如长相漂亮、机缘好等，但另一方面，人能否幸运又决定于自身……幸运的机会好像天上的星星，他们作为个体是不显眼的，但作为整体却光辉灿烂。同样，一个人若具备许多细小的优良素质，最终都可能成为带来幸运的机会。"

杨澜不认为自己是一个充满灵感的人，所以她非常重视采访前的准备工作。1999正在上海采访《财富》杂志主编时，开始那位主编态度并不十分认真，但聊着聊着，他就不得不认真对待了，因为杨澜当时的提问已经具体到："在你就任主编之后这十几年当中，世界财富前10名的排列有过什么样的变换？这些又集中反映出国际产业结构什么样的调整？而那些被换下去和换上来的大企业领导，又是怎么面对这种变换的？"在短短的30分钟的采访中，洋主编已经全然改变了看法，很吃惊地说："真没想到你的'家庭作业'准备得这么好，在你之前的采访，别的记

者一直都在不断重复着同样的问题："你对中国是什么感觉'，
'你对上海有何感想'。"

　　个人的优良素质是杨澜的抓住机遇的根源。从《正大综艺》
到《杨澜视线》、《杨澜工作室》，她一直很用心，很努力，从
不满足现状，一直勇往直前。

　　现实生活中，常常听到有些人抱怨命运女神忽略了他，抱怨自己没
有好的机遇，总以为能够利用的机遇太少，并且想当然地认为自己周围
缺少伯乐，导致自己没有施展才华的舞台。因而把工作和生活上的一切
不顺心的事，都归结为机遇之神没有光临自己。命运从来都是掌握在自
己的手中，要由自己去争取和改变，任何把希望寄托在他人或外界事物
上的人，都不可能抓住机遇。

抓住机遇，将命运掌握在自己手中

　　诸葛亮是三国时蜀汉著名政治家、军事家。他 15 岁时随家
人为逃避战乱，离开山东老家辗转到湖北襄阳避难。17 岁时隐
居在襄阳城西的隆中。诸葛亮少有大志，常把自己比作春秋时大
政治家管仲和军事家乐毅。因此，他隐居隆中边种地，边修学，
静观天下，待机而出，人称"卧龙"。

　　汉末以来军阀混战的形势已趋明朗。曹操基本上统一了中国
北方，势力最大。孙权割据江东，势力次之。刘表、刘璋等军阀
也各有地盘。刘备在参加镇压黄巾起义军中，组成了一个势力不
大的军事集团，但屡被曹操击败，被迫辗转投靠，没有自己固定
地盘。为发展自己势力，到处访寻人才。他"三顾茅庐"，请诸
葛亮出山辅佐。诸葛亮向刘备精辟地分析了当时的政治形势，并

提出了对策，这就是有名的"隆中对"。

诸葛亮登上政治舞台，成为刘备的主要谋士，掌握着军政大权。他联孙抗曹，取得了著名的赤壁之战的胜利，并乘机占领荆州，进军四川，取得益州，形成魏、蜀、吴三国鼎立的局面，为刘备建立和巩固蜀汉政权做出了巨大贡献。

由此可见，诸葛亮是一个善于分析和把握机会的人，因为这个机遇，改变了他的人生。除了我国的诸葛亮，拿破仑也是一个善于捕捉机遇的人。

拿破仑是法国 18 世纪的政治家、军事家，也法兰西第一帝国和百日王朝皇帝。但是他起初只是一个小小的尉级炮兵军官。

1793 年，他被派往前线，参加进攻土伦的战役。正当革命军前线指挥官面对土伦坚固的防守犯难的时候，拿破仑立刻抓住这个机会，直接向特派员萨利切蒂提出了新的作战方案。在特派员苦无良策时，看拿破仑的方案很有新意，就立即任命拿破仑为攻城炮兵副指挥，并提升为少校。拿破仑抓住这个机遇，在前线精心谋划，勇敢战斗，充分显示出他的胆识和才智，最后攻克了土伦。他因此荣立战功，并被破格提升为少将旅长。终于一举成名，为他后来叱咤风云，登上权力顶峰奠定了基础。

在我们的生命和生活中处处都充满了机遇，也许一个不小心就会改变我们的一生。当然，也许我们所生存的环境没有那样的复杂和波折，但是回归到我们正常的生活和学习中，我们仍然要把握机会，掌握自己的命运。

青少年朋友，当你在学习上遇到困难时，是主动请教老师或他人去解决问题，还是坐等问题自身得到解决呢？当以后面临求职的时候，是

坐在家里"耐心等待"，还是积极主动去"踏破铁鞋"地寻找呢？不在自己的"腿"上下功夫，不靠自己一次又一次的毛遂自荐，你只会坐失良机，永远都找不到适合自己的机遇。

因此，你要勇于掌控自己的命运，要有信心和毅力，并坚持不懈地奋斗、寻觅、付出……也许有一天金矿就在你脚下。

第五节　张中行
——生活的真谛是善待他人

张中行，原名张璇，字仲衡。未名湖畔三雅士之一，是我著名的国学大师、学者、散文大家、语言文字学家、哲学家。张中行先生涉猎广泛，博闻强记，遍及文史、佛学、哲学诸多领域，人称"杂家"。据他自己所说较专者为中国古典文学和人生哲学。以"忠于写作，不宜写者不写，写则以真面目对人"为信条，被称为"布衣学者"，又被称为"文坛老旋风"。一部《顺生论》被称为"当代论语"。他和季羡林、金克木被称为"燕园三老"。

启功先生说他"既是哲人，又是痴人"，季羡林先生称他"高人、逸人、至人、超人"；而他自己说"我乃常人，就安于常态"。可以说，他是一个最最平凡的心灵导师，他一生不想做官、不想发财；可以说，他是一个最最超凡的心灵导师，他集雅人、雅行、雅趣、雅文于一身。他是一位平凡到骨子里，又奇特到骨子里的心灵导师。

善待他人，首先要善待生命

张中行先生的《顺生论》被称为中国当代的"论语"。在这本书中张中行先生说："人类乐生，把可以'利生'的一切看作善，人类畏死，把可以'避死'的一切看作善。"可见，张中行先生是特别珍爱生命的，在他看来，一切有利于生命延续和躲避死亡的行为都是善举，从中我们能看到一种敬畏生命的精神。

当被人问及"过分利生会不会成为贪生，过分避死会不会成为怕死，人贪生怕死，他会不会说假话"时，张中行先生的回答则更为率真，他说："如果只有说假话才能活，我就说假话……但这有了限度，要有个原则，只要良心不亏，要想办法活着。"

从张中行先生的话中，我们了解到的是最淳朴的老百姓的思想，这些话朴实得能触动人心。人的生命只有一次，面对"生"和"死"的选择，只要良心不亏，便要活下去，这就是张中行先生的"生命观"。可以说活着便是一种幸福，一种资本，一种享受。因为人只有活着才有资格谈论将来，谈论梦想，谈论人生。

在现代社会中，我们在电视、网络上经常看到很多人轻生的新闻。这些轻生的人，要么因为遭受了失败的打击，要么有着惨痛的经历，要么因为感情、学业、压力而放弃了自己的生命。

据媒体报道，在重庆的某所中学里，一个初二的女生因为和同班的同学吵嘴，结果被同学当着很多人的面扇了两个耳光。当晚，就寝熄灯后，这位女生便用小刀割脉结束了自己的生命。在日记中这位女生说，自从挨了那一巴掌后，她觉得从此在同学们面前再也抬不起头了，活着太屈辱了，只好选择放弃生命。

就这样，这位才上初二的如花少女，就因为同学的两巴掌结束了自己的生命，而她给父母留下了惨痛的打击——她的母亲在得知这个消息后，心脏病突发，幸亏抢救及时，才救回了一条命；他的父亲，也因为这一噩耗，一夜之间添了无数白发。

这种悲剧，其实真的可以避免。为什么两巴掌就能打掉一条生命？难道生命的价值如此低廉吗？这样轻率地对待自己的生命是一种不负责任的表现。张中行先生曾说："生是一种偶然，由父母至祖父母、高祖父母，你想，有多少偶然才能落到你头上，使你成为人。上天既然偶然生了你，所以你要善待生，也就是要善待人。"

善待他人，才能得到自己所爱

一位女人因丈夫不再喜欢她了而烦恼。于是，她前去乞求神的帮助，希望神可以教他一些吸引丈夫的方法。神听完稍加思索便说："我也许可以帮你，不过，在教你前，你必须从活狮子身上拔下三根毛来送给我。"

恰好那段时间有一头狮子常进村庄游荡，可是它凶猛无比，一声吼叫就能吓破人的胆，怎么敢接近它呢？为了能够挽回丈夫的心，她终于还是想到了一个办法。

第二天早晨，她很早就起床了，牵了一只小羊去那头狮子常出没的地方，把小羊拴那儿她便回家了。接下来的日子，她经常牵一只小羊给狮子。时间不长，这头狮子认识了她，因为她总是在同一时间同一地点放一只温顺的小羊来讨它喜欢。她的确是一个温柔、殷勤的女人。

又过了一段时间，狮子见到她便向她摇尾巴打招呼，并靠近她，允许她拍它的头，摸它的背，于是女人每天都会站在那儿，轻轻地拍拍狮子的头。

女人知道狮子已完全信任她了。于是，一天，她细心地从狮身上拔了三根毛，她激动地把这三根狮子毛拿给神看，神惊奇地问："你用了什么绝招？"

女人把经过告诉了神，神听后笑着说道："就用你驯服狮子的方法去驯服你的丈夫吧！"

凭着一颗善良的心，连驯服狮子都可以做到，世间还有什么做不到呢？如果你善待周围的一切，周围的一切都将会听从你的安排，然后你就会得到你想要的。

生活中常常这样：对人多一份理解和宽容，其实就是支持和帮助自己，善待他人就是善待自己。如同那句谚语所说：赠人玫瑰，手留余香。

可见，善待他人是人们在寻求成功的过程中应该遵守的一条基本准则。在当今这样一个需要合作的社会中，人与人之间更是一种互助的关系。当代的青少年应该认识到，只有我们先去善待别人，善意地帮助别人，才能处理好人际关系，从而获得他人的愉快合作。

第 7 章

智慧人生：用智慧撞击行动

人区别于动物的最明显差别就是人会思考，人是有智慧的动物。凭借这智慧我们可以担负起自己的责任，让自己的人生更有意义。人的智慧让我们懂得自私和伟大，让我们懂得孝悌之心，忠情之义。凭借这智慧我们可以趋利避害，可以去拼搏、去挑战，创造自己辉煌的人生。

第一节　梁启超
——人生没有旁观者

梁启超，字卓如，号任公，又号饮冰室主人。中国近代维新派代表人物，学者，中国近代史上著名的政治活动家、启蒙思想家、资产阶级宣传家、教育家、史学家和文学家。

作为戊戌维新运动领袖之一，梁启超先生的政治观点和个人思想都在当时社会引起了广泛影响。梁启超先生曾在《呵旁观者文》中写道："天下最可厌、可憎、可鄙之人，莫过于旁观者。"他的这种强烈的社会责任感令人钦佩不已，也是我们每个人应该具有的品质。

勇于担当，不做旁观者

梁启超在《呵旁观者文》中这样写道："天下最可厌、可憎、可鄙之人，莫过于旁观者。旁观者，如立于东岸，观西岸之火灾，而望其红光以为乐；如立于此船，观彼船之沉溺，而睹其凫浴以为欢。若是者，谓之阴险也不可，谓之狠毒也不可，此种人无以名之，名之曰无血性。嗟乎，血性者，人类之所以生，世界之所以立也；无血性，则是无人类、无世界也。故旁观者，人类之蟊贼，世界之仇敌也。"

这段话极其深刻地告诉我们，每个人都有自己的责任，放弃责任就是做旁观者，而旁观者是令人厌恶的：他们看到人家家里着火了，不救火而幸灾乐祸；看到人家沉船了，不救人而以看着人在水中挣扎直至淹死为乐趣。梁启超先生说用阴险、狠毒都不能形容这种人，只能称这种人没有血性。这种人是注定被唾弃的人。

梁启超先生就是一个一生为了祖国的兴衰而奋斗不息的爱国主义人士。他和康有为组织、领导了历史上著名的"戊戌变法"运动，力图挽救当时贫穷落后的祖国于帝国主义、封建主义的压迫中。后来虽然失败了，但他履行了自己爱国的责任，他没有做旁观者，他的拳拳之心一直被后人所称道。

有一个由业余登山爱好者组成的登山队，他们要对世界第一峰——珠穆朗玛峰发起挑战。虽然人类攀登珠峰已经不止一次了，但这是他们第一次攀登世界最高峰。队员们既激动又信心十足，他们有决心征服珠穆朗玛峰。经过考察后，他们选择自己状态很好、天气不错的一天出发了。攀登一直很顺利，队员们彼此互相照应，没有出现什么问题，高原缺氧的情况也基本能够适应。在预定时间，他们到达了 1 号营地。大家都很高兴，因为有了一个良好的开始，这就相当于成功了一半。

第二天，天气突然发生了变化，风很大，还下着雪。登山队长征求大家的意见，问要不要回去，因为要确保大家的生命安全，生命只有一次，登山却还有机会。但是大家都建议继续攀登，说登山本来就是对生命极限的一种挑战。于是，登山队继续向上攀登。尽管环境恶劣，但是队员对征服自然、征服珠穆朗玛峰却信心十足，大家小心翼翼地向上攀登。

"队长，你看！"一个队员大喊，大家循声望去，在离他们很远的地方发生了雪崩。虽然很远，但雪崩的巨大冲击力波及登山队，一名队员突然滑向另一边的山崖。还好，在快落下山崖的那一刻，他的冰锥牢牢地插进了雪层里，使他暂时没有滑落下去，但他随时有可能被雪崩的冲击力推下去。情况十分危急，如果其他队员来营救山崖边的队员，有可能雪崩的冲击力会将别的队员冲下山崖，如果不救，这名队员将在生死边缘徘徊。队长说："还是我来吧，我有经验，你们帮我。大家把冰锥都死死地插进雪层里，然后用绳子绑住我。""这很危险，队长。"队员们说。

"已经没有犹豫的时间了，快！"队长下了死命令。大家迅速行动起来，队长系着绳子滑向悬崖边，他死命地拉住了抱住冰锥的队员，其他队员使劲把他俩往上拉。就在下轮雪崩冲击到来之前，队长救出了这名队员。全队沸腾了，经过了生死的考验，大家变得更坚强了。

最终，登山队征服了珠峰。站在山峰上，把队旗插在山峰的那一刻，他们也把他们的荣誉和责任留在了世界上最纯净的地方。

正因为队长没有选择做旁观者，从而挽回了队友一条生命，最终取得了登山的成功。反过来想，如果这些队员都为了自己的生而对别人的生死无动于衷，那么在这样恶劣的登山环境下，不要说完成登山任务了，恐怕想活着下山都不容易。

责任是一个人成长的动力，对家人、对朋友、对国家的责任都可以成为我们奋斗的动力。我们每个人的肩上都有属于自己的责任，在人生的舞台上，任谁都没有资格做旁观者。我们只有在心中树立起参与意识和责任意识，我们这个社会才会有希望，我们的国家才会有希望。

承担，人生的起点

梁启超说："人生于天地之间，各有责任。知责任者，大丈夫之始也；行责任者，大丈夫之终也；自放弃其责任，则是自放弃其所以为人之具也。"人人都有自己应尽的责任，承担责任是一个人的人生起点，人生只有走到尽头的时候，才能将自己身上的责任、担子放下来；那些不承担自己责任的人不能算是一个完整的人。

　　有这样一则小故事：

　　森林里，一只母虎正给小虎仔喂奶，它没发现一群猎人正悄悄地走近它。当它终于感觉到危险的时候，猎人们已经举起了长矛。母虎想逃跑，但它又舍不得自己的孩子。为了救孩子，它放弃了逃跑，而是冲着猎人们怒吼。发狂的母虎极其凶猛，把猎人吓傻了，因为在平时，老虎看到猎人拿着长矛都会快速地逃跑。而这只母虎不但不逃跑，反而暴怒地冲着猎人怒吼，于是猎人们顾不得打猎，掉头跑了。

　　就这样，母虎凭着自己的勇敢，救了自己和孩子。

　　是什么让母虎勇敢地留下来，赶跑猎人？有人说是母爱，的确，母爱在这里是主要原因。但是，在这里更有一种责任，一种要保护小老虎的责任，一种作为母亲的责任促使母虎勇敢地同猎人们对抗。其实，母虎也害怕，但是这种由爱心催化而产生的责任让母虎勇敢起来，战胜了自己的懦弱，并最终战胜了猎人，救了自己和孩子。这就是责任的巨大力量，是旁观者不能企及的灵魂高度。

　　如果一个人很清楚自己的责任是什么，知道了自己必须要履行什么样的责任，那么他的行为就会变得非常的勇敢。一个人拥有一颗责任心，他将变得强大而无所畏惧。在我们的生活中，往往听说很多人在危难之际挺身而出，勇敢救人的事迹。其实，并不是他们不害怕，只是他们的责任心帮助他们克服了恐惧和软弱，从而创造了很多常人无法想象的奇迹。

第二节　陶铸
——做人要有崇高的理想

陶铸是中国共产党的优秀党员，坚定的马克思主义者，久经考验的忠诚的革命战士，杰出的无产阶级革命家，党和军队卓越的政治工作者，党和国家的卓越领导人。他一生为民族独立、人民解放和国家富强做出了重要贡献，是人民群众熟悉和爱戴的革命前辈。

忽视小我，要有一个大理想

陶铸说"我们的时代，我们的社会，是树立崇高理想和实现崇高理想最好的时代和社会。生活在我们这样伟大的社会主义国家的青年人，没有崇高的理想，是可悲的。一个没有崇高的共产主义理想的人，好像迷失了路途一样。"

陶铸具有坦荡、宽阔的胸怀。他勇于探索，善于创新，注意研究革命和建设的规律，在不少问题上提出了具有一定前瞻性的意见和建议。陶铸说过："要培养高尚的情操，就要丢掉一切私有观念，与自己的个人主义思想彻底决裂；要有坚强的革命毅力和'韧性'；要有丰厚的劳动人民的感情。"这样的历练和修养，这样的博大胸怀，成就了陶铸旷达的人生。

陶铸作风优良，密切联系群众、勤于调查研究、勇于独立思考。陶铸一贯注重实际，不尚空谈。对于工作中的问题，他总是注意进行实地考察，集中群众智慧，提出解决办法。他在广东省和中南局工作期间，每年都要抽出三四个月以至更多的时间，深入工厂、农村、学校，深入山区、海岛和生产第一线，解决问题，总结经验，指导工作。

陶铸精神崇高，艰苦朴素、严于律己。陶铸每次到基层工作，总是事先"约法三章"：不准迎送，不准请客，不准送礼。并让随行人员监督检查，具体落实。他下乡蹲点，从来都是轻车简从，坚持与群众"同吃、同住、同劳动"。他特别反对摆阔气、讲排场，坚决反对假公济私。他在广州工作和生活多年，居住的房子从来没有更换过。住房维修时，因维修费超过了预算，他还将自己多年的积蓄上交机关，以补维修款之缺。陶铸主持广东省和中南局工作时期，有同志建议在广州从化温泉建楼办公，他坚决反对。在他以身作则的榜样影响下，广东省委和中南局机关一直保持了勤俭办公的好作风。

陶铸说："要时时刻刻地想着：我能够为群众做些什么？我为群众做了些什么？"

正是基于对党和人民事业高度负责的精神和极端深厚的感情，陶铸几十年如一日，克勤克俭，清正廉洁。他从不为一己私利考虑太多，而是事事都以大局为重。正是因为他拥有伟大无私的精神，他的人生才充满了意义，他的事迹和人格才更值得人推崇缅怀。

创造利润，分享员工

王永庆的"台塑集团"是台湾企业的王中之王，下辖多家公司。他领导的公司资本额在 1984 年就达 45 亿多美元，年营业额达 30 亿美元，占台湾居民生产毛额的 55％，在民间企业中首屈一指。在世界化学工业界位居"50 强"之列，是台湾唯一进入"世界企业 500 强"的企业王。王永庆也因此被誉为经营之神。

谈及王永庆的成功，不能不提他独特的用人之道和管理方法。可以说，台塑集团取得如此辉煌的成就，是与王永庆善于用人分不开的。

王永庆认为，一个企业合理的激励机制是，对员工施加巨大的压力，同时对部属的奖励也要极为慷慨。台塑集团的激励方式有两类。一类是物质的，一类是精神的。台塑的金钱奖励以年终奖金与改善奖金最有名。

王永庆把私下发给部属的公开奖金之外的奖金称为"另一包"。"另一包"又分两种：一种是内部通称的黑包，另一种是给特殊有功人员的杠上开包。此外还设有成果奖金。对于一般职员，则采取"创造利润，分享员工"的做法。台塑员工都知道自己的努力会得到相应的报酬，这极大地激发了他们工作的积极性，因此都拼命地工作，王永庆的"奖励管理"制度造成了"1+1=3"的效果。

在人员选拔、使用上，王永庆也独具一格。他认为，人才往往就在你的身边，求才应从企业内部去寻找。他说："寻找人才是非常困难的，最主要的是，自己企业内部的管理工作先要做好；管理上了轨道，大家懂得做事，高层经理人才有了知人之明，有了伯乐，人才自然就被发掘出来了。自己企业内部先行健全起来，是一条最好的选拔人才之道。"

他曾经对人说，身为企业家，最应该知道哪一个部门需要何种人才，使得人尽其用，从而让人才发挥出最大的才能。比如，一个部门欠缺一个分析成本的会计人员，或是电脑的程序设计人员；究竟是哪一种成本分析，需要的是哪一部门的电脑专家，困难在哪里等。任用人才时应首先确定工作职位的性质与条件，再决定何种类型的人来担任最适宜，然后寻求担任此职位的人才。

王永庆说："就像苦苦地研究一样东西，到了紧要阶段，参观人家的制造，触类旁通，一点就会。要自己经过分析，知道追求的目的，才知道找怎样的人才，否则空言找人才，不是找不到，就是找到了也不懂得用。还有，人才找来了，因为自己的无知，三言两语便认为不行的也多得是；或者因为本身制度的不健全，好好的人才来了，不久就失望而去。"基于这个道理，台塑公司人员缺少时，并不是立即对外招聘，而是先看看本企业内部的其他部门有没有合适的人员可以调任，如果有的话，先在内部解决，填写"调任单"，两个单位互相协调调任即可。

这样，通过内部的甄选，一方面可以改善人员闲置与人力不足的状况，另一方面因为职员已熟悉环境，训练时间可以节省下来。这样就可发挥轮调的作用，将不适合现职的人，或对现职有倦怠的人另换一个工作，使其更能发挥所长。

从上面的例子不难看出，王永庆所主张的企业文化与陶铸大公无私的理念不谋而合，就是这种无私和分享才使得王永庆的公司做大做强。

现在的青少年，大多数都是独生子女，从小独自拥有食物、玩具、空间，还有爸爸妈妈的爱，没有和兄弟姐妹分享一切的机会，很容易成长为自私霸道的人。这个时候应该重视培养青少年的分享行为，让他们学习分享。

分享会使人更幸福。正像俄国伟大的作家托尔斯泰所说的："神奇的爱，使数学法则失去了平衡，两个人分担一个痛苦，只有一个痛苦；而两个人共享一个幸福，却有两个幸福。"

青少年要懂得和别人分享，因为自私的人生无限空虚，毫无意义。

第三节　钱穆
——孝悌是人生的根基

钱穆，江苏无锡人，字宾四，笔名公沙、梁隐、与忘、孤云，晚号素书老人、七房桥人，斋号素书堂、素书楼。九岁入私塾，1912年辍学后自学，任教于家乡的中小学。1930年因发表《刘向、刘歆父子年谱》成名，被顾颉刚推荐，聘为燕京大学国文讲师，后历任北京大学、西南联大、齐鲁大学、武汉大学、华西大学、四川大学、江南大学教授。

钱穆先生是我国现代著名的历史学家、国学大师，同时也是一位孝道的楷模。钱穆说：孔子教人学为人，即学为"仁"。要做到"仁"就要先做到"孝"，孝是仁爱的根源，更是一种生存的策略。

培养仁心当自孝悌始

钱穆说：孔子教人学为人，即学为"仁"。要做到"仁"就要先做到"孝"，孝是仁爱的根源，更是一种生存的策略。《劝孝歌》中曾说："人不孝其亲，不如禽与兽。"禽兽尚且知孝，何况人呢？因此培养仁心应当从孝悌开始。

有一个七十多岁的老读者，背驼得厉害，但他风雨无阻，几乎天天泡在图书馆的报刊阅览室里。不仅如此，在所有读者中，他总是第一个进去，最后一个走。有时读者都走尽了，他也不走，天天如此。而且只是翻翻这看看那，看上去毫无目的，纯粹是来消磨时光的，阅览室管理员对这个读者烦透了，打心眼里烦。

但是，有一天偶然发生的一件事，让一位管理员从此改变了对老头的看法。

那天在下班的路上，同事突然问她："你母亲是不是被聘为我老婆的那个商场的监督员了？"

管理员愕然："没听母亲说过呀。"

同事说："我老婆在某商场当营业员，她们商场每天开门，迎来的第一个顾客常常是你母亲。而且老人什么也不买，却挨个看柜台，还要问这问那。时间一长，营业员们就以为老人是商场的领导雇的监督员，是来监督他们工作的——因为商场领导有话在先。营业员们就对老人很戒备，同样也很反感。"

听同事说完，这位管理员就径直回到母亲家。父亲两年前病故，母亲一个人生活。管理员把同事所说的事情一说，问母亲是否真的在给人家做监督员。母亲矢口否认："没有这回事呀，他们大概是误会了，我就是闲逛而已。"

接着，管理员开始数落母亲。母亲长叹了声，伤感地说："我们这些老人一天到晚太寂寞了，逛逛商店，消磨一下时间，可时间一长就养成习惯了，一天不去就觉得不得劲儿。要不，你要我干什么呢……"母亲说到这里，垂下花白的头，悄悄地流下了眼泪。

就在刹那间，管理员突然感到心里酸酸的。母亲有一儿两女，可由于多方面的原因，他们很少来看母亲，逢年过节的不是寄点东西，就是寄钱。直到此时，她才明白，母亲最需要的是排解寂寞和孤独呀！那天管理员没有回家住，而是陪母亲住了一晚，聊了一晚上的天。第二早上，管理员上班很早，驼背老人仍然等候在阅览室门前。也不知怎么，她心中突然涌起一股柔情，她第一次没有用以前的那种眼光来看这个老人。

管理员面带微笑，对他说："早啊大爷，这么早就来了，来了就进来吧。"

孝是中华民族的传统美德，一个连自己父母都不孝敬的人，还指望他会对其他人存有仁爱之心吗？我们常说"老吾老以及人之老"，是说孝敬自己的父母，进而以同样的尊敬、爱护之心去对待他人的父母。这也就是仁爱之心的扩大，也就是钱穆先生所说的"孝是仁爱的根源"。把孝敬自己父母的心推而广之，就会给他人更多一份理解和温暖，让社会变得更和谐。

孝——生存的策略

钱穆在他的《论语新解》中曾经提到：孔子之学所重在道。所谓道，即人道，其本则在心，而这人道最鲜明的体现是孝悌之心。这也就是为什么有"百善孝为先"的古训。"孝"是为人处世的根本，亦是生存的策略。

青年少年则常见于孝，壮年中年则常见于爱，老年晚年则常见于慈。曰孝，曰爱，曰慈，皆仁也。儒家认为，"孝"是伦理道德的起点。一个重孝道的人，必然是有爱心的、讲文明的人。重孝道的家庭，亲情浓郁，关系牢固；反之，必然是亲情淡泊，家庭结构脆弱，容易解体。而家庭是社会的基础，可见，不重孝道将会影响到整个社会的稳定与和谐。正像李光耀指出的："孝道不受重视，生存的体系就会变得薄弱，而文明的生活方式也会因此而变得粗野。我们不能因为老人无用而把他们遗弃。如果子女这样对待他们的父母，就等于鼓励他们的子女将来也同样对待他们。"

有这样一个故事：

从前有一对夫妻生了一个白白胖胖的儿子，他们对儿子尽心竭力地抚养，所以孩子一天天茁壮成长。这对夫妻还有一个老母亲与他们同住，平时儿媳老是嫌弃婆婆，不愿意养婆婆，但是因为婆婆能帮他们干活，所以媳妇虽有怨言，但还是让婆婆同他们一起吃住。

年复一年，随着孙子渐渐长大，老奶奶越来越老了，她的腰因为长年的劳作变得弯曲佝偻，她再也不能做重活了。而且由于年龄的原因，吃饭的时候常会撒出一些饭粒。这时候，媳妇看婆婆越来越不顺眼，她急于想把婆婆赶出家门，于是总在丈夫面前说婆婆的坏话，没想到丈夫竟然答应妻子赶母亲出门。一天，吃过年饭，这对夫妻就把老母亲送到三十里外的山沟里，扔下几块饼，让老母亲自生自灭。没想到回家后，他们发现儿子在村口的大树下坐着。夫妻俩问儿子为什么不回家，儿子说："我在等奶奶，你们现在把奶奶拉出三十里地外，以后我拉你们八十里也不止。"听了儿子的一番话，夫妻俩顿时明白了。他们赶紧回到山沟里把母亲拉了回来。

此外，正如有人所说，将来这些不懂得孝敬父母的人如果到了社会上，就是社会动荡和不稳定的主要因素！这绝不是危言耸听，绝不是骇人听闻。孝是一种生存策略，将来孩子能否做到孝，关键还在于父母的言传身教。

而作为儿女的现代青少年也应该遵从父母正确的教导，遵从孝道，尊重和孝敬父母。正所谓"百善孝为先"，如果我们真正做到了孝，就能够对社会上的其他人心存善念，也有助于培养自己高尚的道德情操。

第四节　苏轼
——淡定的人生宠辱不惊

　　苏轼，字子瞻，和仲，号"东坡居士"，世称"苏东坡"。汉族，眉州人。北宋诗人，词人，文学家，是豪放派词人的主要代表之一，"唐宋八大家"之一。

　　苏轼的文学观点强调文学的独创性、表现力和艺术价值。他的文学思想强调"有为而作"，崇尚自然，摆脱束缚，"出新意于法度之中，寄妙理于豪放之外"。他认为作文应达到"如行云流水，初无定质，但常行于所当行，常止于所不可不止。文理自然，姿态横生"的艺术境界。苏轼散文著述宏富，与韩愈、柳宗元和欧阳修三家并称。他的文章风格平易流畅，豪放自如。诗歌题材广泛，内容丰富，现存诗 3900 余首。代表作品有《水调歌头·中秋》《赤壁赋》《江城子·乙卯正月二十日夜记梦》《记承天寺夜游》等。

做事要进取，为人须从容

　　"宠辱不惊"，宠，是得意的总表相；辱，是失意的总代号。当一个人在成名、成功的时候，若非平素具有淡泊名利的真修养，一旦得意，便会欣喜若狂、喜极而泣，甚至得意忘形。

　　中国古代有一段妙趣横生的奇闻轶事，用风趣的口吻将"宠辱不惊"

的修为之难娓娓道来。

宋朝苏东坡居士在江北瓜州地方任职，和江南金山寺只有一江之隔，他和金山寺的住持佛印禅师经常谈禅论道。

一日，苏轼自觉修持有得，撰诗一首，派遣书童过江，送给佛印禅师印证，诗云："稽首天中天，毫光照大千；八风吹不动，端坐紫金莲。"八风是指人生所遇到的"嗔、讥、毁、誉、利、衰、苦、乐"八种境界，因其能侵扰人心、情绪，故称之为风。

佛印禅师从书童手中接看之后，拿笔批了两个字，就叫书童带回去。苏东坡以为禅师定会赞赏自己修行参禅的境界，急忙打开禅师之批示，一看，只见上面写着"放屁"两个字，不禁无名火起，于是乘船过江找禅师理论。船快到金山寺时，佛印禅师早站在江边等待苏东坡，苏东坡见禅师就气呼呼地说："禅师！我们是至交道友，我的诗、我的修行，你不赞赏也就罢了，怎可骂人呢？"禅师若无其事地说："骂你什么呀？"苏东坡把诗上批的"放屁"两字拿给禅师看。禅师呵呵大笑说："言说八风吹不动，为何一屁打过江？"苏东坡闻言惭愧不已，只好自认修为不够。

古来圣贤皆寂寞，是真名士自风流。冯友兰先生历尽坎坷，但他仍能保持平和的心境，90 岁高龄时仍是慈眉善目、笑口常开。只有像冯友兰先生一样，做到了宠辱不惊、去留无意，方能心态平和、怡然自得，方能达观进取、笑看风云。

《菜根谭》里说："宠辱不惊，闲看庭前花开花落；去留无意，漫随天外云卷云舒。"为人做官，能视宠辱如花开花落般的平常，才能"不惊"；视职位去留如云卷云舒般变幻，才能"无意"。

"闲看庭前"大有"躲进小楼成一统，管他冬夏与春秋"的意思，"漫随天外"则显示了目光高远，不似小人一般浅见的博大情怀，一句

"云卷云舒"又隐含了"大丈夫能屈能伸"的崇高境界。对事对物，对功名利禄，失之不忧，得之不喜，正是"淡泊以明志，宁静以致远"。

用"空杯心态"获得幸福

何谓"空杯心态"呢？冯友兰先生在解读我国古代名著《庄子》时，借用其中的《马说》这篇文章给我们做了形象的阐释。冯友兰先生说："一匹马，当它在天地之间自由驰骋，没有被人类驯化的时候，它就是幸福的；一旦它成了千里马，那马就不会再有幸福了。没有被驯化的马的幸福就是庄子所说的相对幸福。"未被驯服的马能获得幸福，没有太多压力和欲求的人，也一样能获得幸福。一个人，只要他不受外力的强迫，内心是自由自在的，是淡然平和的，然后充分地发展自己的兴趣和爱好，他就能获得"相对幸福"。

古希腊时期，有一个国王闲来无事，便微服走出宫门。他来到一个补鞋的小伙子面前，一时兴起就问小伙子："你说在这个国家中谁是最快乐的人？"小伙子答："当然是国王最快乐了。"国王问道："为什么啊？"小伙子说："你想，有百官差遣、平民供奉，想要什么就有什么，这还不快乐吗？"国王答："希望如你所说吧。"接着，国王便请小伙子一起喝酒去了。等小伙子醉得不省人事时，国王便命人把他抬到皇宫，对王妃说："这个小伙子说，国王是最快乐的，我现在戏弄一下他，给他穿上国王的衣服，让他理理国政，你们大家不要害怕，尽量配合他。"王妃回答："遵命。"

等到那小伙子醒了，宫女便假装说："大王您喝醉了，现在有很多事情要等您处理。"于是小伙子被拥出临朝，众人都催促他快些处理事情，他却懵懵懂懂，什么也不知道。旁边有史官记其所言所行，大臣公卿们与之商讨议论，一直坐了一整天，弄得小伙子腰酸背痛，疲惫不堪。这样过了几天，小伙子吃不好、睡不香，就瘦了下来。宫女又假装说："大王您这样憔悴，是为什么啊？"小伙子回答说："我梦见自己是一个补鞋的穷人，辛苦求食，生活很是艰难，好害怕自己会真的变成那样，因此就瘦成这样了。"众人私下里偷着笑。到了晚上，小伙子翻来覆去睡不着，他分不清自己到底是谁了。

王妃说："大王这样不高兴，让歌伎们来给您取乐吧。"于是小伙子喝了葡萄美酒，又醉得不省人事了。后来，宫女们又给小伙子穿上旧衣服，把他送回简陋的床上。小伙子酒醒后，看见自己的破房、粗布衣服，一切都是原来的样子，却浑身酸痛，好像被棍子打过了一样。过了几天，国王又来到他这里。小伙子对国王说："上次喝酒，是我糊涂无知，现在我才明白过来啊。我梦见自己当了国王，要审核百官，又有史官记对记错，众大臣都来商量讨论国事，心里便总是忧虑不安，感觉有着巨大的压力，要处理的事情实在太多、太繁杂了，弄得我浑身都痛，极其疲惫。在梦里尚且如此，若是真的当了国王，还不更痛苦啊！前几天跟你说的话，实在是不对的啊。"

故事中的小伙子刚开始的想法也许是很多人都曾经有过的。我们常常错误地认为那些非常富裕或者有权有势的人才是最快乐、最幸福的。于是，总幻想自己要是他们，那该有多么的幸福啊。其实，这是最大的误解。并不是拥有得越多越幸福，而是，使自己简简单单、自由自在些才能获取到幸福，而这正是"空杯心态"。

空杯心态与苏轼的淡定坦然有异曲同工之妙。自己的欲望少了，心态平静了，面对外界的荣辱自然会淡然处之。有一句话是这样的：幸福的人之所以幸福，不是因为他得到的多，而是他要求的少。这句话非常精辟地说出了幸福的含义。为生活减负，不给自己过多的欲望和压力，简简单单、轻轻松松地获取幸福——这种"空杯心态"可以说是获取幸福的秘诀。

第五节　狄更斯
——人生福祸只在一念间

查尔斯·狄更斯，19世纪英国最伟大的小说家之一。狄更斯是高产作家，他凭借勤奋和天赋创作出一大批经典著作。他又是一位幽默大师，常常用妙趣横生的语言讲述人间真相，狄更斯是19世纪英国现实主义文学的主要代表。艺术上以妙趣横生的幽默、细致入微的心理分析，以及现实主义描写与浪漫主义气氛的有机结合著称。马克思把他和萨克雷等称誉为英国的"一批杰出的小说家"。

一切都是最好的安排

狄更斯说："这是最美好的时代，这是最糟糕的时代；这是智慧的年头，这是愚昧的年头；这是信仰的时期，这是怀疑的时期；这是光明的季节，这是黑暗的季节；这是希望之春，这是失望之冬。"这句话初看起来无厘头，但是正说明了祸福、成败只是一线之隔，一念之间的事。

从前有一个国王，除了打猎以外，最喜欢与宰相微服私访。

宰相除了处理国务以外，就是陪着国王下乡巡视，他最常挂在嘴边的一句话就是"一切都是最好的安排"。

有一次，国王兴高采烈地到大草原打猎，他射伤了一只花豹。国王一时失去戒心，居然在随从尚未赶上时，就下马检视花豹。谁想到，花豹突然跳起来，将国王的小手指咬掉小半截。回宫以后，国王越想越不痛快，就找了宰相来饮酒解愁。宰相知道了这事后，一边举酒敬国王，一边微笑着说："大王啊！少了一小块肉总比少了一条命来得好吧！想开一点，一切都是最好的安排！"

国王听了很是生气："你真是大胆！你真的认为一切都是最好的安排吗？""是的，大王，一切都是最好的安排。"国王说："如果我把你关进监狱，难道这也是最好的安排？"宰相微笑着说："如果是这样，我也深信这是最好的安排。"国王大手一挥，两名侍卫就架着宰相走出去了。过了一个月，国王养好伤，又找了一个近臣出游了。谁知路上碰到一群野蛮人，他们把国王抓住用来祭神。就在最后关键时刻，大祭司发现国王的左手小指头少了小半截，他忍痛下令说："把这个废物赶走，另外再找一个！"因为祭神要用"完美"的祭品，大祭司就把陪伴国王一起出游的近臣抓来代替。脱困的国王欣喜若狂，飞奔回宫，立刻叫人将宰相释放了，在御花园设宴，为自己保住一命、也为宰相重获自由而庆祝。

国王向宰相敬酒说："宰相，你说的真是一点也不错，如果我不是被花豹咬一口，今天连命都没了。可我不明白，你被关监狱一个月，怎么也是最好的安排呢？"宰相慢慢地说："大王您想想看，如果我不是在监狱里，那么陪伴您微服私巡的人不是我还会有谁呢？等到蛮人发现国王不适合拿来祭祀时，谁会被丢进大锅中烹煮呢？不是我还有谁呢？所以，我要为大王将我关进监狱而向您敬酒，您也救了我一命啊！"

这个故事中的宰相是一个明智的人，他能从事物的不利中看到有利的一面，并始终认为一切都是最好的安排，这无疑是一种积极的人生态度，也就是所谓的"知足常乐"。正是因为有些人不能正确地看待自己的利与不利，没有正确认清自己的价值，没有好好地活在这个世界里，才会自己给自己找麻烦。人生中难免遭遇一些利害得失，学会辩证地看待事物的两面，就会少一些挫折感，你的人生也才能多一些轻松愉快。

狄更斯诠释的祸福相伴

在狄更斯12岁的时候，狄更斯家出事了。父亲因为40英镑的债务被捕入狱。整个家庭马上陷入混乱。狄更斯暂时放下工作，四处奔走，乞求别人借点钱给他，哪怕一点点也好。这时候的狄更斯只不过是一个可怜的男孩，看着父亲被带走，他觉得世界末日就在眼前。

不过福祸相依，老狄更斯被关进监狱对狄更斯一家最明显的影响就是不再有债主来纠缠了。而且，在当时的英国，犯人的妻子可以和丈夫一起住在监狱里。狄更斯的母亲也正有此打算。她把较小的孩子带在身边，另外替狄更斯找到了住处。

狄更斯的新家依然在坎登镇，那是一个专门提供给小孩子的宿舍，由一个女人——一个其貌不扬、脾气恶劣的女人掌管。她看上去不带一点人性的慈善和悲悯之情。

狄更斯的生活来源成了最大的问题。这时候，他的朋友詹姆斯拜访了他，并邀请狄更斯到他的工厂里工作，尽其所能地教他一些会计的基本技能。他还保证会有薪水，虽然并不是很多，但总比什么都没有要好。在那个年代，男孩子一般到了12岁就要出去工作，赚钱以补贴家用。

在那家鞋油工厂，每天必须工作 12 小时。狄更斯这样形容它：那是一栋"疯狂的、就要倒塌的老房子，紧邻河岸，老鼠猖獗"，它有着"甘蔗板隔成的房间、腐蚀的地板和楼梯"，"那群灰鼠就拥挤在地窖里，不时发出吱吱的叫声以及扭打的响声"。

狄更斯的工作就是在鞋油罐子上贴标签，再把罐子装进纸盒，使它们看起来漂亮一些。起初，他在一楼办公室里有一张桌子，归詹姆斯管辖，有个男孩从地下室带材料给他，指示他该做什么。狄更斯注视着这个男孩，他贫穷、粗俗、服装不整，和他在贫民窟看到的流浪汉几乎没有两样。自己将来也会变成这个样子吗？那一刻，狄更斯觉得自己的未来没有希望了。

狄更斯幼年立志，一直对自己有很高的期望，但是现在，他必须听从一个他觉得远不如自己的男孩的指示。这个男孩穿着又破又脏的围裙，戴着纸帽，一个字都不认识。这一切令狄更斯难以忍受。可是同时，他发现，这个穷困潦倒、不识字的男孩远比他做得好，他的标签贴得端端正正，纸盒也摆放得整整齐齐，既迅速又干净。而他即使竭尽所能，也不能做到这样，他感到非常羞耻。

詹姆斯坐在玻璃隔板的后面，面前摆着账簿，他看着狄更斯笨拙地摸弄着标签、纸盒，觉得他实在反应迟钝。

几天以后，狄更斯的桌子被搬到地下室，和其他男孩一起工作。他的那种"小绅士"的态度引起了其他人的仇视。不过他还是有一个朋友的，他叫鲍伯，就是那个教狄更斯如何贴标签的男孩。

鲍伯对狄更斯有一种单纯的欣赏，因为他能读能写，而且看起来总是整齐干净。狄更斯觉得这是理所当然的，不过从鲍伯身上他第一次认识到粗俗与顽劣的区别。前者是因为生活艰难、缺乏教育所致；后者则是那些他所惧怕的街头混混的特征，他们已经习惯了充斥着犯罪和暴力的生活。

有一次工作结束后，狄更斯表演了他过去深深喜爱的朗诵，并且还加上了手势和姿态。可是原来能取悦大人们的才能现在却不能让他获得认同，他被轰下台，很多男孩子公开表现出他们对狄更斯的厌恶。这件事在狄更斯心底留下了很深的创伤，以至于后来他成名之后还常常梦到，并且浑身是汗地从梦中惊醒。

他一直没有向别人透露这件事情，直到他开始创作《大卫·科波菲尔》。

也许多数人都会同情小狄更斯的经历，但是也许正是因为这些并不顺利也不幸福的经历才给了狄更斯创作的灵感。"阳光总在风雨后"，当你经历过狂风暴雨的侵袭，才能体验到彩虹的绚丽。所以作为当代的青少年也要明白祸福相依的道理，正视挫折，勇往直前。

第六节　罗琳
——想象力造就辉煌人生

乔安妮·凯瑟琳·罗琳是英国女作家，毕业于英国埃克塞特大学，学习法语和古典文学，获文理学士学位。2000年，被母校授予荣誉文学博士学位。毕业后曾在英国曼彻斯特接受教学培训。因为撰写《哈利·波特》系列丛书，在不到5年的时间里，成为人类历史上第一位靠写作成功的亿万富豪。其作品已被译成60多种语言，在200多个国家和地区累计销售达4亿多册。

想象力是一种难得的智慧

乔安妮·凯瑟琳·罗琳 1966 年出生于英国的格温特郡。她父亲是罗伊斯罗尔飞机制造厂一名退休的管理人员，母亲是一位实验室技术人员。罗琳小时候是个戴眼镜的相貌平平的女孩，非常爱学习，有点害羞。她从小喜欢写作和讲故事，6 岁就写了一篇跟兔子有关的故事。妹妹是她讲故事的对象。创作的动力和欲望从此没有离开过她。她还当过一段时间的教师和秘书。

罗琳热爱英国文学，大学主修的是法语。毕业后，她只身前往葡萄牙发展，随即和当地的一位记者坠入情网。可惜的是，这段婚姻来得快也去得快。不久，她便带着 3 个月大的女儿回到了英国，栖身于爱丁堡一间没有暖气的小公寓里。找不到工作的她，只能靠着微薄的政府失业救济金养活自己和女儿。

24 岁那年，罗琳在曼彻斯特前往伦敦的火车旅途中，感觉到一个瘦弱、戴着眼镜的黑发小巫师，一直在车窗外对着她微笑。他一下子闯进了她的生命，使她萌生了创作哈利·波特的念头。虽然当时她的手边没有纸和笔，但她开始天马行空地想象，终于把哈利·波特的故事推向了世界。于是，哈利·波特诞生了——一个 10 岁小男孩，瘦小的个子，黑色乱蓬蓬的头发，明亮的绿色眼睛，戴着圆形眼镜，前额上有一道细长、闪电状的伤疤……哈利·波特成为风靡全球的童话人物。

作为一个单身母亲，罗琳母女的生活非常不容易。在开始写作哈利·波特系列故事的第一部《哈利·波特与魔法石》时，罗琳因为自家的屋子又小又冷，时常在附近的一家咖啡馆里把哈里·波特的故事写在小纸片上。不过，她的努力很快得到了回报，故事一出版便备受瞩目，好评如潮。

随后罗琳又分别于1998年与1999年创作了《哈利·波特与密室》和《哈利·波特与阿兹卡班的囚徒》，进一步轰动世界。2000年7月，随着第四部《哈利·波特与火杯》的问世，世界范围的哈利·波特热持续升温，创造了出版史上的神话。最新公布的销售数字显示，罗琳撰写的"哈利·波特系列"第一集，已成为2001年英国最畅销的小说。它创下了用46种文字在全世界发行3500万册的惊人纪录。

而根据"哈利·波特系列"拍摄的电影自从上映以来，也纷纷在世界各个地方打破票房纪录。2003年6月，她的第五部作品《哈利·波特与凤凰社》问世，再次掀起"哈利·波特系列"狂潮。迄今，其作品已被译成60多种语言，在200多个国家和地区累计销售达4亿多册。罗琳不仅成了亿万富豪，而且在以后的日子里，每一次重新印刷出版，出版社都将支付给她巨额版税，甚至她不在人世，她的后代依然会因此而受益。

2007年7月7日，哈利·波特系列小说的第七部也是最后一部《哈利·波特与死亡圣器》正式封笔，罗琳完成了这部巨著的终结篇。凭借《哈利·波特》系列小说，罗琳缔造了当代出版界的销售神话，同时也使她成了财富超越英国女王的超级富婆。

2001年圣诞节次日的节礼日，罗琳与麻醉医师尼尔·默里在苏格兰的新居携手再度走进了婚姻的殿堂。2003年3月，他们有了一个儿子，名叫戴维。2005年1月，又一个可爱的小女孩麦肯齐也降生到这个家庭。如今，罗琳与丈夫以及三个孩子幸福而低调地生活在爱丁堡，在哈迷的期待中继续写着她的"哈利·波特"故事。

"哈利·波特"给罗琳带来了巨大的荣誉和财富，她的故事犹如现代版的灰姑娘，在世界各地流传着。

罗琳的故事使我们懂得，不管经历怎么样的磨难，智慧能够帮你走出困境，走向成功。人生的疼痛就是一种挫折、就是一种磨难。这种磨难会让你把自己的性情尖锋磨钝，让你混沌的空脑子变得拥有智慧、拥有阅历，让你浅薄的内心变得富有，让你处事的能力变得能在优势和劣势面前都能大刀阔斧、游刃有余。有些人的一生经历了很多磨难，但也收获了很多智慧，他们在磨难面前不畏惧、不退缩，罗琳就是这样的人物。

千奇百怪的想象力

一天晚上，一位日本妈妈和两岁的小女儿一起眺望夜空。这时，云彩把月亮挡住了。

"为什么看不见了呢？"女儿问。

"月亮被云遮挡起来了。"妈妈回答。

这时，女儿忽然指着自己的嘴说："月亮，被吃掉了。"

妈妈觉得很有趣，就随声附和道："真的吗？"

"我把月亮摘下来，揉得圆圆的，吃掉了，很好吃。"女儿舔舔嘴，好像尝到了月亮甜甜的味道。

这就是两岁孩子的想象力。小孩子善于想象，她会把月亮当作一种食物"吃掉"，而且会觉得"很好吃"。这是多么难能可贵的创造品质啊。伟大的科学家爱因斯坦说"想象力比知识重要"，他还说："因为知识是有限的，而想象力概括着世界的一切，推动着世界的进步，并且是知识进化的源泉。"想象力能使自己的生活充满乐趣，使自己的人生更有意义。

还有一个小故事。有一次，玛丽5岁的儿子扁桃腺发炎去医院看医生。医生拿出一个压舌板，让孩子张开嘴。孩子很紧张，吓得要哭。

妈妈笑着说："巴迪，张开大嘴，让医生看看你的扁桃腺'开花'了没有？"

巴迪觉得很好玩，立马把嘴张得大大的。

医生看了看"惊奇"地说："哇！你的扁桃腺真的开花了！"

第二天，儿子从幼儿园回来对妈妈说："妈妈，告诉你一个好消息，幼儿园满院子的扁桃腺全开花了！"

世界上，也许只有孩子才会把"扁桃腺"想象成盛开的花朵吧。其实学生最可贵的动力是想象力、好奇心，这样才会刺激他们的求知欲，才会对自己和外界有更高的要求。罗琳就是靠自己独具想象力的智慧，创造出了自己辉煌的人生。

第七节　香奈儿
——用一生去挑战

可可·香奈儿是著名的时尚女王，20世纪最重要的服装设计师，永久性创造了妇女时尚的新纪元，著名品牌"香奈儿5号"香水的开创者。在欧美，拥有典雅的香奈儿时装不仅曾是很多上班族女性的首选，也是总统夫人和明星、名媛们的追求。

她创造伟大的时尚帝国，同时追求自己想要的生活。其本身就是女性自主最佳典范，也是最懂得感情乐趣的新时代女性。她和英国贵族来往，对方资助她开第一家女帽店，而另一位朋友则出资开时尚店。她与西敏公爵一同出游，设计出第一款斜纹软呢料套装。生命中每一个男性都是激发她创意的泉源，她不是单靠幸运，而是非常努力认真地工作！

面对挑战，应对挑战

香奈儿一生历尽波折，不认输的精神让她永远向失败和落后挑战。相信对于所有追求时尚的人来说，香奈儿绝对不是一个陌生的名字，它不仅仅是一个时装的品牌、一个香水的品牌，也是一个伟大女性的名字。从一个贫穷的孤女到一个著名的时装设计师，从 20 世纪初期一直到她的死亡，她都在不停地创造奇迹，这个奇迹不仅仅是她开创的事业，还有她充满艰辛的奋斗历程。

1883 年 8 月 19 日，法国的卢瓦尔河畔的索米尔小镇，香奈儿出生了。在香奈儿 12 岁那年，母亲去世了，香奈儿在孤儿院度过了少年的暗淡时光。17 岁时，她来到另一个小镇，进入了修道院。在当时，妇女的地位是低下的，而一个没有好家境的女孩子要想在社会上生存是非常艰难的。孤儿院的生活使香奈儿明白，高超的针织手艺对于女孩子而言是多么重要，她可以通过针线活来养活自己。于是，18 岁那年，她就到一家商店做助理缝纫师。

香奈儿的卑微出身和早年生活，给她的服装理念打上了深刻的烙印。周围的成年妇女穿的工作服使香奈儿相信，妇女需要的不是烦琐的装扮，而是适合她们日益活跃生活方式的宽松舒适的衣衫。

1912 年，趁热打铁的香奈儿又在法国上流社会的度假胜地——诺曼底海边小城开了自己的第一家服装店，很快，她极富个性的运动衫、开领衬衫、短裙、男式雨衣受到了时髦女郎的注意。不仅如此，为了扩大宣传，香奈儿让自己的姐姐穿上自己设计的新式服装，到城里最繁华的地方引起妇女们的注意，这差不多是最早的一种广告形式了，香奈儿的事业越来越成功了。

1918年，香奈儿的亲密爱人卡佩尔因车祸遇难，当时第一次世界大战已经爆发，多少父亲、兄弟、儿子都遇难了，留下无数妇女在苦苦求生。而香奈儿依然坚强地站立起来，更加雄心勃勃地发展自己的事业。1924年，她推出了著名的黑色小礼服，掀起了世界服饰的革命，她的事业也蓬勃发展。

香奈儿是聪明的，也是不轻易满足的。自1920年开始，香奈儿开始提倡整体形象，这当然是从头到脚，还包含配件、化妆品、香水，于是，她推出了香奈儿5号香水，这是第一支由服装设计大师推出的世纪经典香水。

20世纪20年代，香奈儿于服装界的地位相当于画坛中的毕加索。时装界总是变幻莫测的，今天流行这个，明天流行那个，很难把握瞬息万变的流行趋势，更何况周围的竞争者都虎视眈眈。

20世纪30年代中后期法国的政局极为动荡，失业问题和大萧条带来的影响继续存在，法西斯煽动者更增加了不安定的气氛。1939年，香奈儿举行了她的最后一次时装发布会，她宣布时局已不适合追求时尚。

1945年，二战结束之后，因为在战争中屡屡遭挫，欧洲的时尚地位，尤其是巴黎的领导传统的作用开始受到怀疑。

香奈儿这位伟大的时尚倡导者竟然被时尚抛弃——这是多么出人意料！虽然这时候的香奈儿是富裕的，但她的心情却是苦闷极了。她怀念工作，怀念曾有的光荣，于是她决定东山再起。

1954 年 2 月 5 日，香奈儿举行了公开的归来时装发布会。

这时候的香奈儿已经 70 岁了，但是她还决定重开时装商场，东山再起，这是为什么呢？香奈儿说，是为了还妇女们穿着舒适、合身的服装的自由。尽管她的时装重新受到了欢迎，但香奈儿本人却受到了时装界的挖苦和讽刺，他们说，她不应该再出来，应该活在人们的历史回忆中，保持美好形象。这是"一次惨败"和"土里土气"的香奈儿。

也许别人听到这种刻薄的批判，早就退缩了，更何况年纪大了，早该颐养天年了。但是香奈儿十分坚强，她头脑冷静，对待媒体的攻击她不予答复，而是着手下一次时装发布会。在忙碌的工作中，她重新找到了以往的感觉，找到了安慰。她像过去那样孜孜不倦地工作，并将其含蓄随意的风格融入 50 年代的时尚格调之中。

经过改进的香奈儿款式穿着方便，大方优雅，很快受到了美国白领女性的欢迎。美国的《生活》杂志赞扬道："71 岁的香奈儿创造的不仅是一种时尚，而是一种革命。"的确，她每次创造的时装，都不仅仅是简单的样式的改变，而是对人们生活重大变化的回应。

从 20 世纪 20 年代到 50 年代，她不停地创造奇迹，改变了整个时尚界。

郭小川说过："困难——这是一种愚蠢而又懦怯的东西，他惯于对着惊恐的眼睛卖弄他的威力，而只要听到刚健的脚步声就会像老鼠似的悄悄向后缩去……"居里夫人也说："我们应该有恒心，尤其要有自信，我们既然有做某种事情的天赋那么无论如何都必须把这种事情做成。"是的，青少年应该要有信心、有恒心，勇往直前、知难而进，这样才能成功。

香奈儿的一生是不平凡的，直到 70 岁的高龄仍在不倦地工作，困难随时都会来，她随时都是个准备斗争的"战士"。

用乐观的精神去面对挫折和挑战

高士其是我国科普作家。在外国留学时，有一次做实验，一个装有培养脑炎过滤性病毒的玻璃瓶子破裂了，病毒侵入了他的小脑。从此留下了身体致残的祸根。他忍受着病毒的折磨，学完了芝加哥大学细菌学的全部博士课程。回国以后，他拖着半瘫的身子到延安工作。新中国成立后病情恶化，说话和行动都十分困难，连睁、合眼都需要别人帮助。但他仍以惊人的毅力进行创作，先后写成 100 多万字的作品。有人问他苦不苦，他笑着说："不苦！因为我天天都在挑战，挑战是有无穷乐趣的。"

19 世纪法国闻名的科幻小说家儒勒·凡尔纳第一部作品《气球上的五星期》一连投了 15 家出版社均不被赏识，第 16 次投稿才被接受。美国作家杰克.伦敦最初投稿，也没有一家出版社愿意发表，以致他不得不去干苦力。后来他的《北方故事》才由一家有眼力的《西洋月刊》看中，一举成名。丹麦闻名童话家安徒生处女作问世，有人知道他是一个鞋匠的儿子，即攻击他的作品"别字连篇"、"不懂文法"、"不懂修辞"。但他毫不气馁，笔耕不辍，终于成名。英国诗人拜伦 19 岁时写作的《闲散的时光》出版后，即有人把他骂得狗血淋头，说他"把感情抒发在一片死气沉沉的沼泽上"。然而拜伦并未退却，而是以更为优秀的诗作回敬那个诽谤者。

生活中处处充满了挫折和挑战，每个人的人生都不可能是一帆风顺的，困难和挫折不可避免。所以，乐观的精神和勇敢的品质是生命中最宝贵的品格，而这种精神只有在面对挑战的时候才会显现其价值。那是一种绝境逢生的力量，只有在真正坚强的人身上才能找到，比如香奈儿和高士其。